Prix : **60** centimes

AUTEURS CÉLÈBRES

C. CASSOT

LA

VIERGE D'IRLANDE

PARIS

MARPON ET E. FLAMMARION

ÉDITEURS

26, RUE RACINE, PRÈS L'ODÉON

AVIS DES ÉDITEURS

Le but de la collection des *Auteurs célèbres à* **60** *centimes* est de mettre entre toutes les mains de bonnes éditions des meilleurs écrivains modernes et contemporains.

Sous un format commode et pouvant en même temps tenir une belle place dans toute bibliothèque, il paraît chaque semaine un volume.

CHAQUE OUVRAGE EST COMPLET EN UN VOLUME

LA VIERGE D'IRLANDE

C. CASSOT

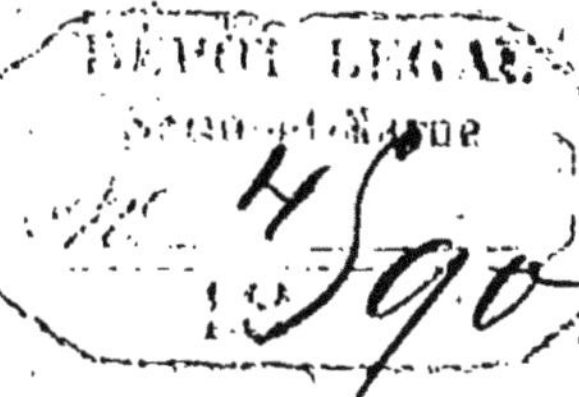

LA

VIERGE D'IRLANDE

PARIS

C. MARPON & E. FLAMMARION, ÉDITEURS

26, RUE RACINE, PRÈS L'ODÉON

LA
VIERGE D'IRLANDE

I

La petite ville d'Ennis, chef-lieu du comté de Clare, située au nord de Limerich, et baignée par le Shannon, abrite, comme presque toutes les villes d'Irlande, des ruines qui, comparées à l'architecture moderne, indiquent que la civilisation de ce peuple retarde de plusieurs siècles sur le nôtre. L'Irlandais, comme ses monuments enfouis sous des masses de verdure, est fidèle aux siècles passés et reste l'homme de la légende, qu'il entoure d'un pieux respect, car il a religieusement gardé la tradition de ses ancêtres.

Son amour pour la terre explique ses éternelles revendications contre l'étranger. Il est jaloux de ce sol qui appartient aux landlords anglais et qu'il a fécondé, lui, de ses sueurs, de son sang. L'exode qui a suivi ses révoltes n'a pas modifié son caractère ingouvernable. Sa soumission intermittente à des lois imposées par droit de conquête indique la mesure de sa patience et non celle de sa résignation. Après huit siècles d'oppression, il espère encore recouvrer sa liberté! Illusion décevante peut-être, mais illusion qui enfante les héros.

Les belles strophes d'Ossian qui chantait au milieu des bruyères, au bord des lacs, sont vivantes dans la mémoire de ces braves paddys, dans leur cœur plein de l'amour national. La voix de leur barde, qu'ils disent entendre aux heures sombres, ranime leur ardeur, raffermit leur foi. C'est le bon génie de l'Irlande qui pleure dans le vent, c'est lui qui gémit derrière les murs démantelés par l'étranger. Ne se croirait-on pas transporté en pleine Gaule et la silhouette charmante de Velléda ne se présente-t-elle pas à l'esprit, comme pour mieux faire ressortir la poésie primitive des deux pays gaéliques dont l'un tient le flambeau du monde, tandis que l'autre est plongé dans les ténèbres?

L'Irlandais, qui a conservé sa naïveté antique, a des colères terribles, colères qui empruntent à la servitude dont il souffre toute sa férocité : il pille, il brûle, il tue ; l'homme hospitalier se transforme en bête fauve ; obsédé par l'injustice qui humilie sa loyauté, il s'abandonne à des fureurs sans frein. Cependant, il rachète ces écarts par des sérénités augustes, qui ne transfigurent que les peuples malheureux...

Le samedi de chaque semaine, les paddys conduisent au marché de la petite ville d'Ennis leurs denrées qui consistent en pommes de terre, sarrasin, racines ; les fermiers y amènent les petits porcs noirs dont nous savourons les excellents jambons, quelques paniers de poissons pêchés à grand'peine dans le fleuve, peu de fruits. L'approvisionnement laisse à désirer parce que la campagne du comté est pauvre et, sa dépopulation s'accroissant, diminue ainsi les chances d'une prospérité future.

Les maîtres espagnols ont excellé à rendre la couleur et la bigarrure des foules en haillons ; d'un coup de pinceau, ils ont indiqué l'ironie amère du sort qui, quelquefois, se plaît à donner l'aisance au misérable qu'on appelle plaisamment « l'altesse de la loque »..... La place du marché d'Ennis était encombrée de ces « altesses de la loque » qui, drapées dans de longs manteaux dont la couleur primitive avait entièrement disparu, souriaient à des jeunes filles, vêtues dans le même goût, la tête recouverte d'un mouchoir « mis à la fanchon », semblant heureuses de vivre. D'abord Irlandais et Irlandaises sont très gais ; ils ont même beaucoup d'esprit naturel, et s'apostrophent avec infiniment d'à-propos.

A côté des groupes rieurs et relativement aisés, le long des boutiques odorantes des marchands de viandes cuites se tenaient, en rangs pressés, des fillettes de douze ans, accompagnées de buveuses de wisky. Elles ouvraient des yeux pleins de convoitise sur les étalages friands : personne ne devinait la sombre élégie de tous ces estomacs, soumis à l'ordinaire de la pomme de terre cuite à l'eau.

Une des fillettes, la plus rapprochée de l'étal encombré, avança la main et saisit avidement un morceau de viande, qu'elle s'apprêtait à manger gloutonnement, quand un des garçons du marchand anglais s'écria :

— Chienne d'Irlandaise, attends !

Il avait déjà saisi la fillette et allait la frapper avant de la remettre à un policeman, quand une jeune fille qui portait au bras un panier de poisson, escortée d'une respectable vieille dame, intervint en faveur de la voleuse :

— Combien estimez-vous ce morceau de viande ?

— Dix pence, pas un de moins ; croyez-vous que cette « rien du tout » puisse me les donner

Les autres enfants regardaient cette scène d'un air impassible. La mère de l'enfant n'avait pas bougé.

La jeune fille tira de sa bourse de filet vert les dix pence et les remit au garçon.

— Il ne faut plus recommencer, dit la jeune protectrice à la fillette qui, cette fois, avala sans désemparer le morceau de porc rôti. Comment t'appelles-tu ?

— Trécy.

Et elle mangeait toujours ; les yeux allumés dé ses camarades la regardaient avec envie. Le passage était encombré de monde, de paniers, les uns vides, les autres pleins, et la foule batailleuse ne semblait pas tenir compte des timides efforts de la jeune marchande, qui désespérait de s'ouvrir une issue. Depuis quelques instants un homme la regardait ; il s'approcha, pria les vendeurs d'ouvrir les rangs, et tous obéirent à son ordre. Il portait une sorte de longue chemise de toile blanche par-dessus ses habits ; il était de haute taille, sa tête accusait beaucoup d'énergie et ses yeux noirs, profonds, jetaient des flammes.

C'était un Molly-Maguire.

Le silence se fit sur le passage de cet homme extraordinaire que les paddys à la fois aimaient et redoutaient. Pas un qui ne lui dût de la reconnaissance, pas un, peut-être, qui n'eût mis son dévouement à l'épreuve.

Il était l'âme de la patrie qui ne meurt

point, qui ne peut mourir tant qu'il se trouve sur son sol de pareils hommes. Il appartenait à une Société, sorte de franc-maçonnerie, qui encourageait la révolte ou la déconseillait selon les circonstances. Sa patience n'avait d'égal que son désintéressement, et sa bonté éclairée était infinie ; le petit, l'opprimé étaient l'objet de ses soins incessants, mais il ignorait la faiblesse. Si, pour échapper aux poursuites dont il était l'objet, il se réfugiait sous une paillotte, la famille, depuis l'aïeul jusqu'à l'enfant, eût subi le supplice du feu plutôt que de le livrer ; la foule était son amie, elle lui ouvrait ses rangs, protégeait ses pas, suivait ses avis parce qu'ils étaient justes, et ne lui avait jamais désobéi.

Quand la jeune marchande de poisson et sa grand'mère furent passées, le flot se referma et l'attention se porta sur celle que le Molly-Maguire avait prise sous sa protection. Accoudée au parapet, le bras passé sous l'anse de

son panier d'osier, Jeanie avait, dans la simplicité de la pose, dans l'attitude charmante
de la tête, quelque chose de biblique. On ne
pouvait se lasser de la regarder, tant sa beauté
était différente de la beauté des autres femmes.
Sa taille dépassait celle de ses compagnes ;
les longues tresses de ses cheveux d'or, dans
lesquelles le soleil se jouait, ressemblaient à
une gerbe d'épis mûrs ; ses yeux bleus comme
le ciel qui surplombe les glaciers d'Écosse
éclairaient un teint de neige ; elle portait un
corselet couleur baie sur une chemise de
toile grossière dite « à la Joconde », chemise
qui découvrait son cou jusqu'à la naissance
des épaules. Un petit jupon court, écarlate,
comme toutes les filles pauvres de l'île en
portent, laissait voir ses jambes et ses pieds
nus.

— Bonne chance, miss Emmet, dit le Molly-
Maguire, qui serra la main de Katy, la grand'-
mère de la jeune fille.

— Que Dieu vous entende, murmura Jeanie émue..

Katy leva les yeux sur ceux de la jeune fille ; ils étaient pleins de larmes.

— Nous sommes arrivées trop tard, grand'mère, jamais je ne trouverai, de ce panier de poisson, la demi-guinée qu'il nous faut.

Et elle abaissa son regard mouillé vers les truites et les perches qui frétillaient encore, malgré la chaleur.

— Eh bien ! mon enfant, dit la bonne Katy, nous irons porter ce poisson à James Tipperay.

— Et s'il le refuse ?

— A la grâce de Dieu, répondit Katy simplement...

— Vous ne pouvez coucher à la belle étoile grand'mère, et le lait de la chèvre vous est indispensable. Cet homme reprendra sa maison, votre lit, la table, nos pauvres nippes et Bichette.

Elle était prête à éclater en sanglots.

— Calme-toi; ceci n'est rien, j'en ai bien vu d'autres, répondit Katy en serrant la main de sa petite-fille. Gratlan, Carlingford habitent les montagnes, puisque la misère les a chassés de la plaine, nous irons les rejoindre; allons, mon enfant, quitte ton air chagrin qui m'attriste.

Plusieurs Anglaises marchandèrent le poisson, mais aucune d'elles ne l'acheta.

— Voyez comme il est frais, il est pêché de ce matin; ce sont des truites du Shannon, bien meilleures que celles des lacs.

Elle eut beau vanter sa marchandise qui réellement était très jolie, les citadines s'éloignèrent sans l'écouter.

L'heure s'avançait, les cris diminuaient, la foule s'écoulait, la circulation sur la place du vieux marché était devenue possible, des petites charrettes vides passaient sans déranger personne, et Jeanie, anxieuse, attendait toujours le bon plaisir des acheteuses.

Une grosse femme sortit de la galerie de bois adossée au fleuve ; vêtue comme une domestique de bonne maison, elle était accompagnée de Kilke, le fermier du château d'Herbury.

— Bonjour, miss Jeanie, dit respectueusement cet homme ; Mistress Katy, comment va la santé ? Nora, mistress Nora, ajouta-t-il, en se tournant vers la gouvernante, voilà du beau poisson, achetez-le.

— Combien le panier ? demanda Nora.

— Voyons, ce panier-là vaut vingt schellings ou je ne m'y connais pas.

Et pendant que cette femme examinait la marchandise, Kilke glissa à l'oreille de Katy :

— Je vous ai amené Nora parce que je savais que ce coquin de James voulait vous faire de la peine.

La vieille femme émue serra la main du fermier.

— Eh bien ! voulez-vous vingt schellings, murmura Nora ?

Jeanie, joyeuse, tendit son panier à la gouvernante, qui le vida.

— Grand'mère, Bichette nous restera et la maison aussi.

Elle se sentit tirée par sa robe, elle se retourna : c'était Trécy.

La fillette lui donna un bouquet de roses qu'elle venait de voler à une marchande : l'habitude chez l'enfant, était aussi forte que la reconnaissance.

— Grand'mère, qui est cet homme auquel la foule a obéi ?

— Tu le sauras plus tard. Partons vite, la nuit commence à tomber.

II

Trécy avait une folle envie de se suspendre
au cou de sa bienfaitrice, mais la crainte de lui
déplaire la retint ; elle resta plantée sur ses
jambes avec la confusion née d'un sentiment
vague de son indignité. Les yeux divins de Jeanie avaient réchauffé l'âme de la petite misérable qui n'osait, par décence, par amour,
par respect, exprimer sa reconnaissance. Son
cœur était fiévreusement agité ; ses petites
mains jointes traduisaient éloquemment son
enthousiasme. Cette enfant que le vice guet-
tait, pauvre fleur née au bord de l'abîme,
faisait effort pour comprendre une action

dont elle-même et ses pareilles restaient absolument confondues. Le rayon de joie qui traversait sa figure s'éteignit quand la silhouette élégante de Jeanie disparut à l'angle de la rue Neuve-du-Marché.

La nuit était tombée, la place était déserte, quand Trécy, aux prises avec sa vision, s'aperçut de son isolement. Elle gagna le portique de la vieille église, qui, depuis des années, lui servait de chambre à coucher.

C'était derrière la niche d'un gigantesque Saint-Pierre, où se trouvait une urne en marbre, que la jeune déshéritée se glissait chaque soir en catimini. Elle n'avait garde de dire sa cachette que ses méchantes compagnes lui eussent prise, et quand les buveuses de wisky venaient en titubant tomber sur la dalle, Trécy se tenait coite, et retenait son souffle : intelligente, ingénieuse, avisée, elle ne sortait de son trou qu'après avoir jeté autour d'elle un regard méfiant. Les ronflements sonores des buveuses l'avertissaient qu'elle pouvait se lever, et elle s'empressait de quitter la place sans bruit. Elle courait la petite ville, et offrait, pour un farthing, de porter les paniers et les paquets des dames en courses matinales. Sa célérité la faisait rechercher et sa mine éveillée plaisait.

Le portique était désert, elle se blottit dans l'urne, ramena ses pieds nus sous sa jupe en guenille et ferma les yeux. Mais sa tête était pleine de l'image de Jeanie qu'elle comparait à la madone de l'autel. Si elle avait connu la demeure de la jeune fille, elle eût essayé de la revoir en secret; elle fût partie sur-le-champ, car elle ignorait les distances et la peur. Elle ne craignait rien. La pluie, la neige n'arrêtaient pas l'enfant, insensible aux douleurs, même quand les engelures de ses pieds saignaient et que ses mains gourdes avaient peine à tenir les paquets. Quelques bonnes femmes avaient pitié de cette jeunesse;

elles lui donnaient quelques pence que sa mère lui volait.

Elle résistait, la pauvrette, mais, comme elle n'était pas la plus forte, elle se sauvait en pleurant... et cependant, l'instinct de la reconnaissance survivait aux vicissitudes d'une pareille vie.

L'enfant s'endormait, quand deux ombres entrèrent sous le porche qui ne s'emplissait qu'à minuit. C'était Kilke et Nora, la gouvernante du château d'Herbury; Trécy haïssait peut-être autant cet homme et cette femme qu'elle aimait déjà Jeanie.

Nora, méchante et hautaine créature, chassait à coups de bâton les petites mendiantes qui se hasardaient dans l'avenue du château; l'enfant avait le ressentiment des bleus qui marbraient son corps, et un jour qu'elle avait eu l'imprudence de s'avancer trop près des cuisines du château, Nora l'eût tuée sans « l'homme blanc », le « Molly-Maguire », qui prit sa défense et reprocha sa cruauté à cette mistress du diable. Impossible de rien faire du côté d'Herbury ; en l'absence de Kilke, c'était ce grand vaurien de Werner, le garde-forestier, qui faisait le guet.

Les griefs de Trécy étaient donc nombreux, et elle redoutait fort ses ennemis naturels ; elle retint son souffle, car le fermier explorait les coins du porche.

— Personne, non, il n'y a personne, dit Kilke, nous pouvons causer, mistress, l'église est déserte ; je disais donc que, pour mener à bien l'affaire en question, je veux ma part des guinées que l'héritier des lords d'Herbury doit vous remettre, en cas de réussite ; sinon, rien de fait.

— Vous aurez votre part et sir Georges sera généreux, car le morceau est un morceau de roi. Il n'y a pas une pareille fille dans toute l'Irlande.

— Jeanie est incontestablement très belle.

— Très belle, cela ne dit rien, absolument rien, elle est divine.

Le cœur de Trécy battait si fort qu'elle le comprima de sa petite main, elle craignait que le bruit de ses pulsations n'attirât l'attention de ces deux coquins.

— Sir Georges connaît-il miss Emmet, demanda Kilke ?

— Comment la connaîtrait-il, riposta l'insolente commère ? croyez-vous que le jeune lord se commette comme ça avec la fille d'un paddy !

— Eh ! non, sans doute, mistress, mais il aurait pu, par exemple, rencontrer miss Emmet en traversant le pont de la baie. J'ai vu l'autre jour, de ce côté, sir Georges et lady Alice, sa sœur.

— Pourquoi placez-vous devant ce nom de basse extraction une qualification noble ?

— Ignorez-vous donc à ce point l'histoire de ce pays ?

— Ce pays n'est pas le mien.

— Eh bien! Jeanie est la descendante de sir Robert Emmet, et cette respectable vieille de quatre-vingt-dix ans qui l'accompagne est la mère de ce rebelle. Jeanie ignore sa condition, et le rang qu'elle occuperait si son grand-oncle avait réussi à soustraire l'Irlande au joug anglais.

— Vous connaissez trop de choses, Kilke, interrompit Nora.

— Tout le monde sait ça, répondit humblement le fermier; cela ne veut pas dire que j'approuve la conduite de sir Robert Emmet, ajouta le rusé bonhomme.

— Jamais cette fille ne voudra entrer comme servante au château.

— Et pourquoi donc, mistress?

— Elle doit être férue d'orgueil.

— Elle est humble comme la violette.

— Dans ce cas, amenez-la après-demain au château.

— Je m'arrangerai pour cela.

— Reconduisez-moi jusqu'à l'avenue; j'ai peur de ces chiens d'Irlandais. Voyez s'il y a quelqu'un sur la place.

— Elle est déserte. Venez, mistress.

Trécy se dressa dans son urne; sa tête était brûlante; elle crut, l'innocente, que Nora et Kilke voulaient conduire Jeanie dans la vieille tour du château d'Herbury, vieille tour dont on menaçait les enfants quand ils n'étaient pas sages.

Elle songea au Molly-Maguire : puisque « l'homme blanc » l'avait défendue, nul doute qu'il ne consentît à protéger Jeanie contre la double méchanceté de Kilke et de Nora.

Elle sauta sur la dalle et s'enfuit vers la demeure de Riom le mineur, où « l'homme blanc » descendait.

Mais le Molly-Maguire n'y était pas ; il était parti pour Dublin, et nul ne savait quand il reviendrait à Ennis. Trécy retourna la tête basse à sa niche.

III

Kilke, en revenant sur la place du Marché, alla rendre visite à James Tipperay, le propriétaire de la maison louée aux dames Emmet. Il s'enfonça dans une des ruelles sombres de la petite ville et cogna plusieurs fois le marteau d'une porte qui s'ouvrait dans un mur de clôture.

La porte s'ouvrit et le fermier pénétra dans un couloir, au bout duquel se trouvait la chambre de l'ex-capitaine. C'était un petit homme trapu, à la face enluminée, ne quittant jamais sa pipe, et vêtu de gros drap bleu. Son histoire était des plus curieuses. En revenant des mers australes, il avait trouvé sa femme confortablement installée par un baronnet ; il l'avait chassée à coups de pied, avait vendu le mobilier, du produit duquel il avait acheté la maison de pêche qu'habitaient les dames Emmet. Se trouvant trop isolé, il était revenu demeurer à la ville, suivi de son chien qui mangeait et dormait avec lui. Rafal se mit à grogner, mais en reconnaissant Kilke, il agita la queue en signe d'amitié.

James fumait, attablé devant une bouteille de fine champagne, qui venait du château d'Herbury.

— Bonjour, mon capitaine, dit le rusé fermier.

— Bonjour, qu'est-ce qui t'amène si tard ?

— Je vais vous le dire : permettez-moi de souffler. Il fait chez vous une chaleur étouffante, ajouta Kilke en s'épongeant la tête.

Tipperay daigna ouvrir la fenêtre.

— Le joli ciel, le beau paysage, dit le fermier qui huma l'air frais du fleuve.

— Je n'échangerais pas ma demeure contre le palais de Warwick.

Kilke fit la grimace, mais il se garda bien de contredire « son capitaine ».

— Les truites et les perches du Shannon ont été goûtées au château, voulez-vous me louer ce droit de pêche ?

— Je n'ai pas de bail, je ne le puis.

— Je vous en donne dix guinées.

— Tu plaisantes, Kilke.

— Foi d'honnête homme, mon capitaine, je vous en donne dix guinées, en voilà cinq.

Et il les mit sur la table.

Les petits yeux de James s'allumèrent.

— Tu es un brave garçon, et dès demain je défendrai à mistress Emmet de pêcher.

— J'allais vous en prier, mon capitaine.

— Reviens quand tu voudras, dit James qui ramassa les cinq guinées et s'empressa de les faire disparaître au fond de sa poche.

— Je n'y manquerai pas; bonsoir, capitaine.

— J'aurai mes cent guinées, murmura Kilke, car je tiens Jeanie : les vivres sont coupés, et je jouerai le rôle de la Providence.

Rien, en effet, ne pouvait mieux servir les abjects projets du fermier que son habile trahison présentée sous la forme d'un bienfait. Ne venait-il pas de tirer Jeanie d'embarras? Et s'il lui offrait maintenant la place de première femme de chambre de milady Herbury, ne serait-il pas béni des deux femmes? Pour le coup, il passait maître dans l'art de jouer les gens, talent qui lui rapporterait cent guinées avec lesquelles il achèterait une terre et une maison bâtie à l'anglaise que le syndic de Dublin lui offrait. Ah! la belle joie!

la douce ivresse ! lui, Kilke, il allait devenir propriétaire !

La maison que mistress Emmet et sa petite-fille habitaient était bâtie sur la pente abrupte du fleuve. Les bouleaux, les trembles, les saules, qui croissaient sur l'onduleux escarpement, offraient dans leur irrégularité de formes, dans l'aspect varié de leur feuillage, un ensemble agreste qui devait plaire à l'âme douce et forte de Jeanie. Ce coin paisible représentait la poésie de la nature au repos, et ces deux existences ensevelies dans cette solitude et vouées à un travail incessant étaient heureuses d'être confondues avec la grande famille des pauvres paddys. Cependant, l'on ne parlait plus de sir Robert Emmet ; ce nom n'éveillait ni la curiosité ni la sympathie de la nouvelle génération, aux prises avec le terrible problème de la faim. La prudence un peu timorée de Katy semblait donc un anachronisme et elle avait en quelque sorte exagéré ses devoirs en ne dévoilant pas à Jeanie le sort glorieux de son oncle. La mère de la jeune fille, une descendante des Brown, était morte d'une fièvre pernicieuse, et son père, frère cadet de sir Robert, avait péri dans un naufrage, loin de sa chère patrie.

Cependant Katy, en initiant Jeanie à la rude vie des champs, n'avait pas négligé son éducation ; elle lui avait enseigné le vieux dialecte gaélique, et lui avait fait traduire les chants des vieux bardes écossais. Elle avait préservé son élève de la morgue anglaise. La bonté, la simplicité, le bon sens sont de tous les pays et plaisent généralement. Du reste, Katy se rapprochait, par l'instinct généreux de sa nature, par sa bienveillance et sa délicatesse, de la France, cette autre patrie. Le sort avait jeté l'enfant du haut de l'échelle sociale en bas, cette place était à tenir comme une autre. La sagesse de Katy avait pour ainsi dire vaincu la destinée, en tenant tête à

l'adversité. En regardant Jeanie, l'avenir ne
l'effrayait pas, car elle savait que les premières semences jetées dans le cœur humain
sont fécondes. Depuis six ans qu'elles habitaient la maison de James, la jeune fille n'a-
vait jamais donné un signe d'impatience ni
d'ennui; sa vie, passée au grand air, tout en
maintenant l'équilibre, retrempait ses forces,
et l'exercice avait développé dans ses formes
cette incomparable harmonie qui fait la joie
du véritable artiste. Le matin, Jeanie levait
ses nasses qu'elle avait disposées la veille et
jetait ses filets avec adresse. Son parcours sur
les bords du fleuve était d'un kilomètre. Au
delà du pont, les courants étaient dangereux
et Katy réprimait l'audace de la pêcheuse.

Le lendemain du marché, au moment où
Jeanie, joyeuse, amarrait son bateau dans le
massif d'oseraie, elle vit James sortir de la
maison. Un nuage passa sur son front; jetant à la hâte rames et filets dans le fond du

bateau, sans même accorder un regard à Bichette qui broutait le houblon, elle courut
vers la demeure.

— Eh bien ! grand'mère, dit la belle fille,
que nous veut cet homme ?

— Milord Herbury a trouvé, paraît-il le
poisson de son goût ; il a obligé James à lui
céder son bateau et son droit de pêche.

Jeanie pâlit.

— Sa Seigneurie ignorait peut-être que l'un
et l'autre fussent loués.

— Sa Seigneurie, mon enfant, ne descend
pas jusqu'à prendre des informations, elle se
borne à donner des ordres et c'est fait.

— Nous chercherons autre chose, répondit avec un calme affecté Jeanie qui jeta un
regard mouillé aux trembles, aux bouleaux,
aux petits sentiers humides où ses pieds mignons avaient laissé leur empreinte, aux
jolies demoiselles bleues qui se penchaient
sur le miroir transparent des eaux.

— Nous avons été heureuses ici, pourquoi faut-il que le caprice d'un grand seigneur vienne nous chasser de cet humble abri ? murmura Katy.

— La moisson approche, dit la brave enfant, j'irai moissonner.

— Il ne manquerait plus que ça, dit Kilke qui entrait.

— Je sais tout, ajouta-t-il ; j'ai rencontré ce vieux chien de James... Miss Emmet, je viens vous proposer quelque chose de convenable : milady serait désireuse de vous attacher à elle. Les joues pâles de Katy se couvrirent d'une ardente rougeur et ses yeux bleus brillèrent.

Elle allait prononcer le mot : Jamais, quand Jeanie, l'entourant de ses bras, lui dit :

— Vous voyez bien, grand'mère, que Kilke est notre Providence. Hier, nous étions désolées, il nous a consolées ; aujourd'hui, c'est la même chose. Brave Kilke, je n'oublierai pas votre bonté pour nous.

Et Jeanie lui serra la main.

— Songez, mistress, dit l'insinuant bonhomme, qu'une pareille place ne se trouve pas tous les jours; les temps seront durs dans quelques mois. Les pommes de terre n'ont pas donné, et ni le blé ni le sarrasin ne sont abordables.

Et cet homme abominable réitéra ses protestations d'amitié, fit un tableau touchant des maîtres d'Herbury, et parla tant et si bien qu'il eut le don de calmer les appréhensions de la vieille femme qui l'autorisa à annoncer à milady que Jeanie se présenterait le lendemain au château.

Cette fois, il tenait les cent guinées, et il eut beaucoup de peine à réprimer son contentement.

Après son départ, l'éclair de reconnaissance s'éteignit des yeux des deux femmes, et le regard de Jeanie se tourna vers le joli bateau qui se balançait mollement sur les flots tranquilles. Le caprice des courants du bord donnait aux longues algues la forme de serpents dont les onduleux anneaux glissaient sur l'étincelante surface des eaux, car le soleil versait sur le fleuve des torrents de lumière ; la brise agitait les feuilles du tremble, au pied duquel la bergeronnette sautillait.

Rien n'échappa à l'œil désolé de la jeune fille, pas même les effets d'ombre que le soleil allait dissiper. Laisser tout cela, ne plus entendre cette symphonie des choses dont la poésie répond aux plus nobles, aux plus secrètes aspirations d'un être délicat, c'était le premier chagrin qui assombrît la vie ensoleillée de Jeanie.

... Le bonheur humain dépend-il donc d'un caprice ? Hélas ! quelquefois...

— Grand'mère, dit enfin la jeune fille, nous accepterons l'hospitalité de la mère Dergh, qui, à maintes reprises nous l'a offerte. Dergh, viendrait aujourd'hui même dans la soirée chercher le lit et le coffre; nous pouvons emporter nos vêtements.

La vieille Katy semblait avoir épuisé le reste de courage, de force et de résignation que la nature prévoyante met dans les âmes obstinées à souffrir.

— Mon enfant, l'inconnu commence aujourd'hui pour nous, cette séparation me brise, je ne puis te le cacher.

— Vous m'avez dit, bien souvent, qu'il fallait se soumettre aux exigences du sort qui nous est fait, je saurai m'y soumettre, n'en doutez pas.

Katy embrassa sa petite-fille.

— Oui, ma Jeanie, je sais que tu es courageuse, mais je ne te verrai plus.

— Quelle erreur! Vous me verrez tous les dimanches.

— Si on te le permet.

— Vous savez bien que Kilke nous a dit
que milady était très bienveillante.

Katy garda le silence.

— Grand'mère, vous m'avez promis de me
parler du Molly-Maguire ?

— William Rinthler ?... J'aurais bien désiré
le consulter à ton sujet.

— Vous le connaissez donc depuis longtemps ?

— Son père était notre ami...

Et elle ajouta. — J'ai toujours craint d'ex-
citer inutilement ton imagination, en te présentant une personnalité mystérieuse comme
celle de William Rinthler. Oui, je le connais ;
c'est un être à part ; il vit en dehors du mal,
il appartient au monde moral, la solidarité
humaine n'est pas un vain mot pour lui. Les
pauvres paddys ont en lui un ferme défenseur ;
il a vengé Vaughan et fait restituer à Bestead
sa paillotte et son verger. Il exerce un grand
pouvoir, il est l'âme de la patrie irlandaise

comme il en est l'honneur. Il n'a que des amis dans le comté, des amis prêts à sacrifier leur vie pour sauver la sienne. Révère William, mon enfant, mais ne parle jamais de lui au château d'Herbury.

Katy soupira.

— Sa Seigneurie a horreur du Molly-Maguire, mais tous les Irlandais de Clare l'aiment, et c'est une compensation suffisante pour lui.

— Il est aussi grand que Brown, et il ressemble à Jésus.

— Mais en voilà assez sur William, il est temps de songer que nous sommes à deux heures du village de Clare.

Les deux femmes mirent les provisions dans un panier, dans un autre des vêtements, et partirent accompagnées de Bichette, qui broutait par ci par là des feuilles de ronces ou des jeunes tiges d'orme, et s'empressait de rejoindre, en gambadant, Jeanie et sa grand'-mère.

La jeune fille n'osa se retourner pour regarder la chère maisonnette et le joli bateau. Elles arrivèrent à Clare dans la soirée : la ville d'Ennis s'effaçait dans le crépuscule brumeux. La plaine aride et jaunie ne pouvait satisfaire des yeux habitués au coin ombragé de la baie d'Ennis : Jeanie essuya deux larmes furtives, les premières qu'elle versait.

Les Dergh prenaient leur repas à la lueur des étoiles, assis sur le pas de la porte; la brise de la montagne caressait leur front hâlé. En reconnaissant les dames Emmet, ils se levèrent avec respect et leur souhaitèrent la bienvenue. A leur accueil, Katy comprit que son fils, sir Robert, vivait toujours dans le cœur de ces braves gens.

Le front de Jeanie s'éclaira; ses pénibles préoccupations cessèrent : l'affectueuse hospitalité des Dergh rendait son départ possible.

IV

Le lendemain, Jeanie, levée avant le jour, vint prendre congé de sa grand'mère, qui reposait encore. Katy embrassa sa petite-fille et lui recommanda de ne pas manquer de venir la voir le dimanche suivant. Jeanie réitéra sa promesse à son aïeule et partit.

La matinée était brillante, comme le sont, dans ce pays, presque toutes les matinées d'août et de septembre. La route que suivait la jeune fille sillonnait la plaine aride et s'étendait jusqu'à la montagne de Slième-

Callan, de l'autre côté de laquelle se trouvait le château d'Herbury. Jeanie ne connaissait du monde que les paddys, et de la nature que le coin frais de la baie d'Ennis. Le château ! ce mot éveillait dans son âme une crainte vague, que les seigneurs inspirent aux pauvres Irlandais, car la révolution là-bas n'a été que politique, elle n'est pas entrée dans les mœurs.

En gravissant la côte poussiéreuse, Jeanie songea que ses pieds étaient nus et que son jupon écarlate laissait trop ses jambes à découvert. Cette remarque, que la sage Katy n'avait pas faite, la remplit de confusion. Ce costume irlandais pouvait choquer la bienséance anglaise et déplaire à milady. Elle regretta beaucoup d'avoir oublié de parler de ses craintes à Kilke qui l'eût excusée auprès de la grande dame.

Derrière une touffe d'ajoncs et de genêts qui marquait le troisième gradin, Jeanie vit surgir la petite mendiante Trécy chargée de pommes de terre et de fruits. L'enfant qui ressemblait à un petit démon, poussa un cri de joie en reconnaissant Jeanie.

— Hallo, c'est vous, bonne miss, chère miss.

Cette exclamation mettait à nu le cœur de l'enfant.

— Voilà trois jours que je vous cherche, car je n'ai pas cessé de penser à vous, vos yeux éclairent mon sommeil et votre bouche me sourit toujours.

— Chère enfant, dit Jeanie, touchée jusqu'aux larmes, comment es-tu ici à cette heure, si loin d'Ennis?

Trécy eut un sourire intraduisible.

— Je n'ai pas d'endroit fixe, moi; le Slière-Callan est aussi hospitalier que la ville d'Ennis. J'avais besoin de provisions, et le hasard m'a conduite de ce côté; vous voyez, ajouta-t-elle avec effronterie, j'ai maraudé.

Elle posa son panier sur le sable.

— Est-ce que vous allez au château, miss ? reprit Trécy avec inquiétude. Oh ! n'y allez pas, ajouta l'enfant avec chaleur.

Et sans attendre de réponse, Trécy raconta à sa façon l'entretien du fermier et de la gouvernante, sous le porche de la vieille église d'Ennis, sa course à travers la ville pour chercher le Molly-Maguire.

Elle prononça ce nom tout bas.

Et elle ajouta :

— Maman m'a dit que le démon venait arracher la langue à toutes les petites filles qui osaient parler de William Rinthler, mais à vous je le puis, puisqu'il vous connaît.

Il y avait tant de choses dans la rapide révélation de Trécy que Jeanie fut soudain assaillie par des sensations contraires et ne sut que penser. Elle se rappela le double service que Kilke venait de lui rendre : ce précieux témoignage dissipa le soupçon qui venait de l'envahir. Trécy avait certainement tronqué le sens de l'entretien.

— Tu retournes à Ennis, Trécy?

— Je vois bien que vous ne me croyez pas, riposta l'enfant. Vous avez tort, Kilke et Nora vous veulent du mal.

Le cœur de Jeanie battit avec violence : la conviction de Trécy ébranlait sa foi.

— Tu te trompes, Kilke est un ami sincère.

— Lui, il n'est l'ami de personne, puisqu'il est celui du vieux James.

Les roses des joues de miss Emmet s'avivèrent.

— Tu connais le capitaine Tipperay?

— Si je le connais! Il boit avec maman à la taverne anglaise, et quand je viens la chercher, il me chasse à coups de pied.

Jeanie mit fin à ce bavardage qui l'impressionnait.

— Je suis en retard, adieu, Trécy.

— Dieu vous garde, chère miss, dit l'enfant.

La fillette, un peu fâchée, descendit la montagne pendant que Jeanie atteignait enfin la crête de Slièvc Callan. La jeune fille vit se dérouler à ses pieds le Shannon, sur les rives duquel sont assises les cabanes des paddys. A l'embouchure du fleuve, qui confond ses eaux avec celles de l'Atlantique, elle aperçut le château d'Herbury, dont la toiture plate, à l'italienne, faisait saillir la lourde masse d'une vieille tour qui s'élevait solitaire au milieu d'une ruine ; les paddys appelaient « la Tour rouge » ce reste d'un château-fort détruit par Elisabeth. Les grands arbres du parc masquaient à demi la façade du château neuf et abritaient de leurs longs rameaux la maison du garde.

A une portée de fusil du château, une amazone et un cavalier passèrent rapidement devant Jeanie. Elle ne put distinguer leurs traits, mais elle pensa que ce pouvait être milady et milord Herbury. En sonnant à la

grille dorée, son œil plongea dans la magnifique avenue déserte. Une femme ouvrit et
lui demanda si elle était la femme de chambre
que milady attendait ; sur sa réponse affir-
mative, Jeanie entra.

Un boulingrin entourait un bassin orné
d'un jet d'eau dont la poussière irisée
éblouissait les yeux. L'eau s'écoulait sur des
rochers en pente et formait un étang assez
large pour permettre une promenade en
bateau, comme l'indiquait un élégant canot
attaché à la rive. Les fenêtres à vitraux
avaient la forme ronde qui distingue les cons-
tructions du moyen âge ; une galerie en
pierre dure, ornée d'un parapet massif, faisait le tour du château. De chaque côté du
perron, se trouvaient des orangers aussi
beaux que ceux qu'on admire au palais des
Tuileries.

Un domestique en livrée vint chercher
Jeanie. Il la laissa dans le parloir une bonne

demi-heure, revint et la conduisit à travers un dédale de corridors, un labyrinthe d'escaliers en fer forgé, à milady qui se trouvait dans sa chambre au second étage du château, les appartements de réception occupant tout le premier. Mais Jeanie resta sur le seuil : les tentures chatoyantes de satin blanc broché d'or, les meubles en laque de Chine achevèrent de troubler sa raison et ses yeux.

Milady, grande femme mince, pâle, blonde, vêtue d'une robe de chambre de soie mauve, les cheveux enveloppés dans une résille, était à demi couchée sur sa chaise longue.

— Entrez donc, dit la voix fûtée de la grande dame.

Jeanie obéit.

— C'est Kilke qui vous envoie? Je crois que vous vous appelez Jeanie Emmet ? John, ajouta milady, conduisez cette fille à Nora.

Jeanie, rouge comme une rose du Bengale, suivit son camarade, qui la mena dans le sous-sol où se trouvaient la cuisine et la lingerie.

Il y avait autour d'une table qui partageait la grande pièce une dizaine de domestiques, qui se retournèrent avec curiosité ; mais personne ne dit mot. Mistress Nora savait dominer ce monde, qu'elle avait la mission de surveiller, car elle était investie de la confiance de milady.

La femme de charge sourit à Jeanie, et après lui avoir souhaité la bienvenue, elle lui demanda :

— Avez-vous faim ?

— Non, répondit la jeune fille qui se sentait le cœur gros, au milieu de ce personnel, dont elle ignorait les habitudes autant que les usages.

Elle suivit Nora dans une pièce attenante à la lingerie, pièce spacieuse, toute garnie de porte-manteaux où se trouvaient accrochés les vêtements des femmes. Nora aida Jeanie

à mettre une robe de cachemire noire, et lui
vanta la beauté, la finesse du tissu. Oh! milady faisait bien les choses.

— Il y en a beaucoup, allez, qui envient
votre place; songez donc que vous aurez
« l'honneur » d'habiller milady et de l'accompagner quelquefois. Avez-vous déjà occupé
une pareille place? Non, n'est-ce pas! C'est
qu'elles ne sont pas communes. C'est égal,
vous avez de la chance...

Et Nora continua avec une volubilité ser-
vile que les mœurs françaises n'admettent
pas.

— Vous avez une jolie taille, l'on ne peut
pas dire autrement. Tenez, regardez-vous,
milady ne vous reconnaîtra pas. Les beaux
cheveux et quelle profusion! ils sont juste de
la couleur de ceux de milady. Tenez, mettez
ce petit bonnet à nœuds roses. Seigneur Jésus
quelle fraîcheur! Vous feriez pâlir le bouquet
le plus joli et vous avez grand air avec ça!

Jeanie, confuse, semblait ahurie sous l'a-
valanche des compliments qu'elle recevait
pour la première fois. Ses oreilles tintaient,
et les lueurs du vertige passaient devant ses
yeux.

— Je crois que c'est milady qui sonne...
c'est bien milady, puisque sir Georges et lady
Alice ne sont pas rentrés. Hâtons-nous.

Les deux femmes grimpèrent en courant
les deux étages.

— Vous me regarderez faire et vous tâcherez
de retenir ce que vous avez vu. Milady aime
la vigilance, l'exactitude et l'ordre.

La comtesse était assise à son bureau; elle
ne se retourna pas.

— Préparez ma toilette grise et noire, Nora,
et initiez Jeanie à son service.

La jeune Irlandaise était tout yeux, tout
oreilles: elle vit Nora poser sur le marbre de
la toilette des flacons, un peigne et tous les ins-
truments indispensables à la coiffure, puis des

souliers mignons et des bas de soie gris.

— Vous chausserez milady, dit Nora, toujours le pied gauche le premier.

Jeanie, malgré l'émotion inséparable d'un premier service, ne fut pas gauche ; milady lui trouva la main assez légère quand, sous les yeux de Nora, elle fit foisonner sous le peigne les boucles de l'aristocratique chevelure.

Au bout de quelques jours, elle remplaçait avantageusement Nora, et milady daigna lui dire que c'était « bien ».

V

Trécy avait constaté avec un grand chagrin que Jeanie ne l'écoutait pas ; sa petite personne ne pouvait donc se faire prendre au sérieux, malgré la déférence et la sincérité qu'elle avait mises dans sa révélation. Mais cet échec à son amour-propre fut considéré comme peu de chose, comparé au danger que Jeanie, selon elle, courait en allant au château d'Herbury. Elle eût affirmé devant Dieu, devant les hommes que Kilke et Nora tendaient un piège à l'adorable créature dont le doux visage, dont les yeux divins illuminaient sa petite âme ; on lui eût demandé de quelle nature était le piège, qu'elle n'aurait pu le dire, mais c'était un piège !... Elle se sentait de taille à punir ces deux misérables, en dévoilant leurs propos à sir William, qui saurait bien déjouer les sinistres projets de Kilke et de Nora.

Sir William savait tout ; il apprenait ce qui se passait dans ses courtes et rapides incursions dans le comté.

Et les petites filles voyaient dans l'homme que leurs parents vénéraient « une sorte de dieu » qui n'intervenait que pour punir les méchants et récompenser les bons.

Chez un peuple qui a conservé les mœurs primitives, la conscience publique s'incarne dans une individualité qui garde les traditions de l'honneur, et devant laquelle les petits s'inclinent avec reconnaissance.

Malgré sa diligence, Trécy ne rentra à

Ennis qu'à la nuit, et elle eut la mauvaise fortune de rencontrer sa mère qui s'empara du panier, en lui reprochant sa longue absence. Hélas! si Jeanie était le rêve dont l'image consolante adoucissait la vie de la petite misérable, sa mère était la réalité armée de griffes contre lesquelles elle avait peine à se défendre. Rien de plus hideux, du reste, que cette buveuse de wisky, avec ses yeux sanguinolents, sa bouche noire et sa voix rauque.

— Au moins, laissez-moi quelques pommes de terre, je n'ai rien mangé aujourd'hui.

La mégère ne trouva pas convenable cette demande qu'elle accueillit par des coups.

Trécy s'enfuit en pleurant, jusqu'au bout de la rue, et se laissa tomber contre une borne avec un réel désespoir.

— Qu'as-tu donc à pleurer, Trécy? dit un vieillard dont le bâton sondait les murs, car il était presque aveugle.

L'enfant, qui le reconnut, se leva et lui conta son chagrin.

— Allons, calme-toi, tu partageras mon dîner.

Trécy sécha ses larmes et prit le vieillard par la main.

— Vous êtes excellent pour moi, le mineur, dit l'enfant.

— Puisque tu as faim et que tu veux bien quelquefois m'obliger pour rien, je te dois bien un peu de reconnaissance.

L'enfant, confuse, garda le silence.

— Est-ce que sir William viendra bientôt vous visiter, Remoi ?

— Sir William ne viendra pas avant jeudi. Est-ce que tu aurais quelque chose à lui demander?

— Oui, Remoi.

— Eh bien ! Trécy, viens jeudi soir.

L'enfant conduisit le vieillard à sa chaise, le fit asseoir, alluma le feu et alla emplir la bouilloire. Elle compta sur ses doigts que sir William ne serait là que dans trois jours. Kilke et Nora avaient le temps de torturer Jeanie.

En faisant rôtir les tartines de sarrasin, elle demanda si Dublin, où devait être sir William, était loin d'Ennis.

— Il faut traverser le Shannon et la baie de Lescanor, dit Remoi.

Elle versa le thé dans les tasses, en se disant :

— Si j'allais à Dublin?

Elle n'osait faire part à Remoi de sa détermination dont il pourrait se moquer, mais elle comptait bien partir au jour; elle trouverait toujours le chemin.

Elle mangea avec appétit; un pareil souper était rare.

Elle remercia le mineur et s'en alla.

Au lieu de remonter la rue, elle suivit le quai du port; bien lui en prit, car elle distingua sur la jetée, en aval du fleuve, sir William, le Molly-Maguire.

Son petit cœur battit; elle descendit en courant le pont de bois et saisit le manteau de sir William.

Il se retourna:

Trécy le regarda.

— Père, dit-elle (les enfants l'appelaient ainsi), si tu voulais m'entendre, j'aurais une prière à t'adresser.

Les mots lui venaient sans qu'elle les cherchât.

— Je t'écoute.

Elle l'entraîna à l'écart.

— Tu t'intéresses, père, à la marchande de poisson, puisque tu l'as protégée samedi dernier; eh bien? Kilke et Nora, que tu connais, ont juré sa perte. Oh! que je suis aise de te rencontrer; c'est Dieu qui t'envoie, sans doute.

Entraînée par l'élan de son cœur, elle rapporta au Molly-Maguire l'entretien de Kilke et de Nora.

— Tu as bien entendu tout ce que tu me dis ?

— Si je l'ai entendu ! ah ! je vous le jure.

— Tu es sûre que miss Emmet est au château d'Herbury ?

— Aussi sûre que je vous vois.

— Tu es une brave enfant. Sois tranquille, je veillerai sur miss Emmet.

L'enfant prit la main de sir William et la baisa avec respect.

Cette nuit-là, son sommeil fut paisible parce que sir William lui avait promis qu'il protérait Jeanie.

VI

Sir William voulut s'assurer si Jeanie était au château d'Herbury ; il remonta le quai, traversa le fleuve et alla directement à la maison de la baie ; elle était fermée. Sir William reprit le chemin de la ville, dans l'espoir de rencontrer Trécy. Dans la rue du Port, il se trouva nez à nez avec James Tipperay.

— Pourriez-vous me dire où sont les dames Emmet ?

— Je ne saurais vous répondre, sir William ;

je ne les ai pas vues depuis le jour où je suis allé leur dire que mylord Herbury désirait louer mon droit de pêche : Kilke m'a versé de la part de Sa Seigneurie *deux* guinées, petite avance dont j'avais grand besoin... et voilà... Je quitte Werner à l'instant, peut-être vous donnera-t-il des nouvelles de miss Emmet... Si vous marchez vite, vous rattraperez certainement le garde de Sa Seigneurie.

Dick Werner, l'ami de Kilke, était l'hôte assidu des conférences secrètes que sir William faisait à Ennis, et montrait une réelle ardeur à apprendre l'exercice de ses droits que milord lui eût contestés s'il avait soupçonné son garde d'une pareille folie. Le bonhomme lisait en secret les brochures répandues dans le comté par la secte des Molly-Maguire.

Ses lectures lui apprenaient que tous les hommes avaient la même origine, par conséquent les mêmes droits.

« La société, qui ne compte qu'avec les forts, méprise les faibles. »

Lui, était un faible, et milord, son maître, était un fort.

... « Depuis que le christianisme a refondu la société, les petits luttent contre les forts... »

Werner se croyait une chose, un instrument quelconque au service de milord, et voilà qu'il apprenait qu'il était un homme ! et il ajoutait, lui, que les petits sont la majorité dans tous les pays du monde, donc ils sont les plus forts, et pour vaincre il ne s'agit que de s'entendre... « Oui, mais ils ne s'entendent pas. »

Il se disait donc, le naïf Werner, qu'il en avait assez des dédains de milady, et dans ses moments d'exaltation, il se permettait de dire à mistress Georgina Werner qu'il était l'égal du noble comte d'Herbury. Georgina étouffait les germes de la révolte en appréhendant Dick au collet, menaçait de publier sa folie s'il ne se taisait sur l'heure, puis elle entassait des arguments pratiques que Dick ne pouvait réfuter... Est-ce que les gros ne sont pas les protecteurs naturels des petits? Georgina se souciait fort peu de la « conscience. » L'estomac est un tyran qui ne vit pas des billevesées qui s'échappent de la cervelle détraquée de ce démon de Molly-Maguire, et la terrible femme rappelait à son Dick le jeûne constant dont ils avaient souffert avant d'avoir l'abri confortable du château d'Herbury.

Ainsi désarçonné, Dick gardait un silence rêveur pendant que son épouse préparait le thé et les tartines.

Kilke, lui, ne s'empêtrait pas dans les mots; il était résolu à rompre en visière au Molly-Maguire, si ses intérêts l'exigeaient. Sir William connaissait l'indécision du garde, mais il ignorait la profondeur vénale du fermier de Sa Seigneurie.

Sir William monta la rue en pressant le pas ; il ne vit pas Werner, qui, sans doute, ne savait rien des projets de son ami Kilke. ·

Le lendemain lady Alice et son frère, qui étaient sortis faire leur promenade équestre accoutumée, revinrent à toute bride au château. À trois kilomètres environ du Slieve-Callan, un inconnu leur avait intimé l'ordre de quitter un champ de pommes de terre que les chevaux piétinaient ; ils avaient obéi à cette injonction, parce que l'individu était armé. Cette nouvelle bouleversa la comtesse qui ne sut que penser. Elle pria ses enfants de ne plus sortir jusqu'à nouvel ordre et manda le garde et son fermier qu'elle admonesta vertement. Ils étaient à son service pour surveiller les terres du château.

Milady adorait ses enfants au point qu'elle n'avait jamais voulu s'en séparer. Le précepteur, l'institutrice n'avaient pas eu précisément à se louer de l'assiduité de leurs élèves, beaucoup plus préoccupés de leur plaisir que de l'étude. Lady Alice, comme beaucoup de jeunes filles de sa condition, avait plus d'orgueil que de bonté. Exigeante, hautaine, elle était fermée à la bienveillance, et elle considérait ses inférieurs comme des créatures vouées par leur naissance au bien-être de l'aristocratie.

Lady Alice était une jolie brune à laquelle il ne manquait qu'un peu d'ampleur ; elle n'avait pas encore dix-huit ans. Son frère, plus âgé qu'elle de quatre ans, de taille moyenne, d'un blond ardent, était d'un naturel violent, emporté, mais plus accessible aux sentiments humains, si l'on ne heurtait pas de front l'impétueux despotisme qu'il tenait autant de son éducation que de sa naissance.

Jeanie rangeait dans le coin le plus reculé de la chambre des objets de toilette. Sa beauté impressionna sir Georges, qui croyait laides toutes les Irlandaises pauvres.

— Je n'ai pas encore entendu le son de sa voix, dit le jeune lord qui désigna Jeanie à sa sœur. Lady Alice, croyez-vous qu'il y ait beaucoup de ladies aussi belles que cette fille ?

— Je ne saurais vous répondre, sir Georges, je ne l'ai pas regardée.

— Tant pis pour vous, lady Alice.

— Je vous en prie, mon frère, assez sur cette fille, — dit lady Alice, qui tourna le dos à sir Georges.

Milady, qui était sortie pour parler à Werner et à Kilke, dit à ses enfants :

— L'homme qui vous a parlé avec tant d'impudence doit être le « Molly-Maguire ».

Jeanie releva la tête ; heureusement que ni les dames ni sir Georges ne virent ce mouvement.

VII

Nora, en traversant le vestibule, se trouva nez à nez avec sir Georges. Elle fit une profonde révérence à son jeune maître et s'effaça contre le mur pour le laisser passer.

— C'est à toi que je veux parler.

Elle fit une seconde révérence.

Le visage de la « prude » se dérida. Elle était très fière des secrètes missions dont le jeune lord l'investissait. Comme il était très surveillé par milady, qui réfrénait ce tempérament violent, il chargeait Nora des préliminaires amoureux. Sir Georges, imbu des préjugés de sa caste, croyait faire beaucoup d'honneur à Jeanie, en lui faisant dire « qu'elle lui plaisait ». Emily, Mabel, et d'autres n'avaient pas cru déroger, en immolant leur pudeur au jeune lord ; elles allaient plus loin, elles s'honoraient de leur défaite. (Où diable la fierté va-t-elle se nicher !) Jeanie, qui était de même origine que ses devancières ne pouvait penser autrement... Sir Georges donna ses instructions, en les accompagnant de plusieurs livres sterling, générosité dont Nora se garda de parler à son complice, le fermier Kilke.

Elle descendit à la cuisine, et recommanda au personnel de se montrer déférent à l'égard de Jeanie. On savait à l'office ce que ce langage signifiait, John, Patrick et Henry qui, eux aussi, n'avaient pas les yeux dans leur poche, n'osèrent donc adresser un mot à la nouvelle venue quand l'heure du dîner les eût réunis autour de la grande table, copieusement servie.

Les livres sterling mirent à contribution la bienveillance de Nora qui présenta le meilleur morceau à Jeanie pendant que Martha coupait le pain de la jeune fille et que Patrick lui emplissait son verre.

Tant d'attention vainquit les scrupules de la timide enfant qui trouva aux faces réjouies de ses camarades un air de bonté qu'elles n'avaient pas. Les maîtres du château n'étaient pas aussi méchants qu'on les faisait, puisque les plats de leur table passaient sur celle des domestiques.

Elle fit plusieurs questions relatives au service à Nora qui lui répondit avec une douceur câline :

— Ne vous tourmentez pas, ma chère enfant, milady vous trouve avenante, c'est tout ce qu'il faut pour l'instant, le reste viendra tout seul : vous avez la bonne volonté, n'est-ce pas?... Mangez donc de ce plum-pudding, il est délicieux, n'est-ce pas, Henry?

— Excellent, mistress Nora, excellent.

Mais l'estomac de Jeanie était loin de ressembler à celui de ce monde habitué à la bonne chère. Elle refusa donc le plum-pudding, malgré l'insistance de Nora, et elle ne voulut pas boire le petit verre de wisky que Patrick lui servit.

Après le dîner Jeanie voulut retourner auprès de milady, mais Nora la retint en disant qu'elle était dispensée de son service. C'était le moment difficile, Jeanie ne paraissait pas comprendre la cause des cajoleries dont elle était l'objet; les autres que sir Georges avait distinguées avaient la compréhension moins dure. Mistress Nora regardait toujours Jeanie, essayant, par un sourire plein d'éloquence, d'initier la jeune fille au secret, qu'elle ne pouvait dévoiler sans y être encouragée; désespérant de se faire com-

prendre, Nora fit le récit des aventures d'E-
mily qui avait quitté le château bien nippée,
emportant plus de 200 livres sterling, et tout
cela dans l'espace de deux ans. Puis elle fit
de son jeune maître un panégyrique in-
croyable. Ce discours enveloppé de réserve
produisit sur les nerfs de Jeanie un effet sopo-
rifique : elle s'endormit. La lampe jetait des
clartés molles sur ce visage blanc comme du
lait, nuancé d'un rose vif, mettant en relief
les moindres détails de cette adorable beauté.
Les mains, que les travaux n'avaient pas
gâtées, pendaient le long de son corps incliné : la pose pleine d'abandon trahissait la
confiance. Comment aurait-elle pu soup-
çonner Nora qui s'était montrée aussi bonne
qu'indulgente? Celle-ci s'aperçut enfin que
sa protégée dormait, elle ne sut si elle
devait rire ou se fâcher. Cette fille, qui avait
la docilité de l'animal, en avait aussi les
mœurs.

La porte de la cuisine s'ouvrit doucement et sir Georges entra.

Nora courut vers lui.

— Retirez-vous, milord, je vous en conjure, il n'y a rien à faire avec cette fille ; du moins pour ce soir, elle est aussi sotte qu'innocente.

— Je veux lui parler, réveille-la.

— Elle est capable de crier, et si milady entend ses cris, je serai compromise, et vos projets ne réussiront pas. Voulez-vous m'accorder quelques jours, ajouta humblement Nora, j'aurai le temps de lui faire comprendre *l'honneur qui l'attend.*

Le jeune homme hésita, mais le charme de ce paisible visage imposa silence à ses désirs. Il s'en alla avec humeur et il n'eut pas fait dix pas qu'il éclata de rire et se moqua de son prétendu respect pour cette Irlandaise. Une sorte de frénésie s'empara de lui, il regretta l'absence de John sur le dos duquel il eût passé sa fureur. La passion rugissait, mais l'orgueil de sa race l'apaisa. Il était honteux d'attacher une telle importance à la possession d'une femme de chambre.

Le lendemain, pendant que Jeanie se tenait derrière milady, attendant ses ordres, il parla avec mépris de la canaille de Clare et raconta en riant que le fermier qui avait fait rôtir l'huissier Linck transporté au work-house dans un état désespéré, subirait la loi de Lynch. Milady sourit et approuva de la tête, miss Alice applaudit, et ajouta que ces paddys méritaient tous la corde. Les nobles châtelains ne se préoccupaient pas de la présence de John, encore moins de celle de Jeanie. John personnifiait la servitude, il n'avait pas l'ombre d'une opinion, ni d'une pensée à lui, c'était un instrument que milord avait perfectionné pour son usage.

Jeanie, en entendant de tels propos, regretta d'être venue les entendre. Elle se souvint de l'hésitation de sa grand'mère à accepter les ouvertures que Kilke lui faisait, soi-disant de la part de milady. Jeanie connaissait les mœurs anglaises qui sont implacables; les joues brûlantes, les yeux baissés, pleins de larmes, elle exécutait les ordres avec une promptitude quasi-vertigineuse. Elle laissa tomber une coupe de prix qui alla se briser aux pieds de milady.

— Maladroite, imbécile, crièrent deux voix pendant qu'un soufflet joliment appliqué sur la joue de Jeanie réveillait les échos endormis de l'immense salle : c'était lady Alice qui corrigeait à sa façon cette chienne d'Irlandaise !

John ramassa les débris que Nora, qui était accourue au bruit, emporta, en jetant à la malheureuse Jeanie des regards de tigresse.

VIII

Milady avait menacé son garde de le faire cravacher, ensuite de le congédier, s'il ne se hâtait pas de réprimer l'audace du Molly-Maguire qui avait osé s'avancer sur les terres du château. Et telle était la puissance de l'atavisme, que Dick s'était incliné devant la châtelaine, en protestant de son obéissance absolue. Cependant, la perspective d'une correction à coups de cravache avait rapproché cet esprit timoré de sir William qui, lui au moins, était le défenseur de ceux que milady méprisait.

Tuer sir William, c'était tuer le cœur, la conscience de l'Irlande. Jamais !

Kilke l'avait suivi. Le fermier, qui n'avait ni la simplicité ni la naïveté de Werner, lui dit :

— Sir William est en train de nous compromettre. Nous serons pendus si milady apprend que nous entretenons des relations avec lui. Il faut en finir.

— Comment l'entends-tu, Kilke ?

— En lui logeant deux balles dans la tête, tu es un habile tireur.

Le sang-froid du fermier donna le frisson au bon Dick qui secoua négativement la tête.

— Je n'aurai jamais le courage de tuer celui que les misérables appellent le Père ; sir William fait le bien pour le bien, Kilke.

Le fermier haussa les épaules.

— Tu donnes dans les utopies de sir Rinthler, Dick.

Kilke raisonnait comme Georgina.

Werner regarda son ami avec quelque curiosité.

— Je croyais que tu lui étais redevable de ton bien être.

— Je lui suis en effet redevable de quelque bonté, mais je ne lui dois plus rien, puisque, par sa seule présence, il peut m'ôter ce qu'il m'a donné.

Cette prompte volte-face déconcerta Dick.

— Comment cela ?

— Il nous avait promis de ne plus se montrer à Herbury.

— S'il y est venu, il a sans doute ses raisons qu'il nous expliquera ; il est juste de l'entendre avant de le condamner.

Le pas lourd de Nora fit crier le sable de l'allée.

Dick s'en alla et Kilke marcha vers la grosse femme.

— Je crois que notre affaire marche bien, dit la servante qui raconta ce qui venait de se passer dans la salle à manger, et le parti qu'elle espérait tirer de cet incident.

— Il me faudrait aujourd'hui même les cent guinées, répondit Kilke soucieux.

— Peut-être les aurez-vous ce soir ?

— Ah ! ah ! mistress Nora, les choses sont donc plus avancées que vous ne dites.

— Vous aurez de bonnes nouvelles ce soir, Kilke.

Elle se sauva en courant. Le fermier la suivit, il avait oublié de lui demander le lieu du rendez-vous.

Il allait entrer dans la serre quand il entendit la voix de Nora et celle de sir Georges.

La femme de confiance de milady réclamait à sir Georges trois cents guinées promises, en disant que Kilke demandait sa part.

— Voleuse, murmura le fermier, j'aurai les deux parts ou sinon...

Il se cacha derrière un massif et attendit

que le jeune lord se fût éloigné pour aborder Nora.

Il s'annonça en toussant. La grosse femme enfouissait l'or dans une poche qui se trouvait dans la seconde jupe.

— Vous m'avez fait peur, Kilke.

— Où nous trouverons-nous ce soir?

— Derrière la chapelle, au carrefour de la Croix-de-Forbach.

Et Nora sortit précipitamment pendant que le fermier s'en allait pensif.

Georgina regardait par la fenêtre venir son mari qui marchait la tête basse, les bras pendants.

— Eh bien, Dick, qu'avez-vous?

Il leva les yeux sur sa femme et dit courageusement.

— Peut-être quitterons-nous demain Herbury?

— Chassés! mon doux Jésus! nous sommes chassés, que dites-vous là, Dick? quitter cette maison ! C'est impossible... J'en mourrais. Voyons, parlez, Dick, de quoi s'agit-il ? Est-ce que sir William vous aurait dénoncé ?

— Taisez-vous, Georgina, voici sir William.

Mistress Werner courut se réfugier dans la cuisine, pendant que son mari allait au-devant du Molly-Maguire.

— Je vous attendais, sir William. Le château m'a donné contre vous des ordres sévères.

— Je n'ai pourtant nulle envie de dévorer les deux louveteaux d'Herbury. Dick, peux-tu me dire si milord d'Herbury a loué à James Tipperay son droit de pêche ?

— Milord d'Herbury ignore le droit de pêche de James Tipperay et Sa Seigneurie, en ce moment, est à Londres.

— Tu es sûr que milord n'a pas donné l'ordre que Kilke a si promptement exécuté ?

— Je vous l'affirme, sir William.

— Milady, qui désirait une femme de chambre, a-t-elle désigné à Kilke miss Emmet.

— Pas du tout, c'est Kilke qui a présenté Jeanie à milady.

— Veux-tu, Dick, faire savoir à Kilke que je l'attends à la ruine ?

Werner pâlit.

— Je ne le puis, dans votre intérêt, sir William.

— Est-ce que le fermier conspirerait contre ma sûreté ?

— Je le crains, et comme je vous révère, je dois vous avertir.

Et le bon Dick raconta les propos du fermier à sir William, qui sourit.

— J'ai des lettres à écrire, peux-tu me donner l'hospitalité jusqu'à la nuit ?

— Ma chambre est à votre disposition, entrez, sir William.

Dick ferma les volets, verrouilla la porte ;
puis, après avoir donné de la lumière au
Molly-Maguire, alla dans la cuisine rejoindre
Georgina.

IX

Jeanie était allée se réfugier dans sa chambre, située sous les combles, et s'était jetée sur son lit en pleurant ; elle n'était pas faite pour le rôle de servante, qui mettait sa dignité à une si cruelle épreuve. Sa nature de sensitive se refusait à poursuivre l'expérience ; la paix des champs, le calme des paillottes convenaient à son esprit paisible, et elle résolut de retourner à Clare.

Nora, singulièrement radoucie, entra sur la pointe des pieds. Un sourire judaïque étirait ses lèvres blêmes, et, prenant le bras de

Jeanie, elle attira la jeune fille à elle. Elle était tout miel, tout lait ; sa voix murmurait des mots tendres et quasi maternels. Jeanie eut un élan qui eût certainement impressionné une autre femme que Nora ; Miss Emmet appuya ses lèvres de vierge sur ce front souillé de proxénète.

— Ma petite Jeanie, si je remplace auprès de vous votre grand'mère, grand honneur dont je me crois indigne, car Kilke, voyez-vous, m'a parlé de cette excellente femme en des termes qu'on ne peut oublier, vous écouterez mes avis et mes conseils.

— Je ne demande pas mieux que de les suivre, dit Jeanie ; quant à Kilke, je le remercierai à la première occasion, mais je n'oserai jamais reparaître devant milady.

— Vous avez quelqu'un de puissant qui s'intéresse à vous, ne craignez rien de ce côté. Milady, sur un mot de sir Georges, changera d'opinion à votre égard. Lady Alice n'est encore qu'un enfant, il faut excuser sa vivacité.

Jeanie témoigna de son étonnement, par un regard expressif, interrogateur, qui mit Nora mal à l'aise.

— Oui, je comprends, se hâta de répondre la femme de charge ; vous ne vous expliquez pas l'intérêt que sir Georges vous porte. Une autre que vous aurait déjà saisi le sens de cet intérêt, ajouta la gouvernante, dont la physionomie s'anima.

Jeanie rougit et conçut un vague soupçon sans trop savoir s'il était fondé.

— Ne rougissez pas, mon enfant, de la bonne aubaine qui vous arrive. Ah! je sais ce que c'est que la misère, allez ! Il n'y a pas de pire honte que ça. Au moins, quand on est belle, la beauté sert à se tirer d'affaire. Je ne plains pas les jolies filles, moi. Donc, sir Georges...

— Je ne veux pas entendre la fin, dit Jeanie frémissante, en jetant à cette femme le regard souverain d'une belle âme. Je tâcherai de réparer ma maladresse dans l'avenir par un excès de précaution, et si milady ne veut pas me pardonner, je retournerai demain à Clare.

Les yeux de Nora brillèrent d'un feu sombre; elle jura la perte de cette belle fille, qui préférait la faim à la honte. Changeant d'attitude, de manières, elle dit d'un ton senti :

— C'est bien, Jeanie, très bien, mon enfant, vous êtes un diamant ! J'ai, pour complaire à milady, qui voulait éprouver votre honnêteté, joué un rôle fort déplaisant ; j'ai échoué heureusement, et je vous en félicite. M'en voulez-vous toujours?

— Non, mistress Nora, dit Jeanie, dont le visage reprit sa sérénité, puisque votre but était louable.

— Oui, mon enfant, très louable. — Elle appuya sur ces mots. — Voulez-vous venir à la chapelle? J'ai l'habitude d'y aller faire mes dévotions deux fois par semaine.

— Bien volontiers, mistress Nora.

— Préparez-vous, je descends prendre les ordres de milady et je vous attends devant la Croix-de-Forbach, qui borde le chemin des rochers.

— Je n'ai jamais passé par là, dit Jeanie.

— Vous connaissez la petite porte de fer qui se trouve tout près de la grille noire, au bas de la longue avenue qui borde l'étang, vous sortirez par cette porte, et vous verrez devant vous la Croix-de-Forbach.

Jeanie se contenta de ces indications, et promit d'aller rejoindre Nora.

Au moment où la femme de charge allait prévenir sir Georges de se rendre à la ruine qui formait une sorte d'appendice à la chapelle, sir William Rinthler quittait la maison du garde et traversait le côté du parc le plus désert où Kilke avait l'habitude de passer.

Le pas pesant de la respectable Nora qui se dirigeait vers un massif de mélèzes, devant lequel se trouvait sir Georges, avertit sir

William de ne pas aller plus loin. Il s'abrita derrière le manteau épais d'un lierre qui recouvrait un kiosque élégant.

Nora, à quelques pas de sir William invisible, aborda sir Georges sans précaution, car elle croyait le parc désert.

— Sir Georges daignera-t-il écouter son humble servante ?

— Je t'écoute, dit le jeune homme, as-tu convaincu Jeanie de mon amour ? ajouta-t-il en riant.

— Je l'ai invitée à m'accompagner à la chapelle, le reste vous regarde, sir Georges.

Nora, après une profonde révérence, retourna vers le château, et le jeune lord se dirigea vers la petite porte qu'il franchit, et par laquelle sir Rinthler sortit à son tour.

X

Plusieurs sentiers montueux et très tourmentés entouraient des roches granitiques et conduisaient à un carrefour, au milieu duquel se dressait la Croix-de-Forbach. La chapelle avec son toit de tuile en forme d'abat-jour ressemblait à la façade d'un hangar ; ses trois piliers à fourche soutenaient un rebord assez large pour servir d'abri aux pâtres et aux voyageurs. Le pignon encadrait une autre toiture surmontée d'un petit clocher octogone, bâti en pisé, coiffé d'un bonnet d'évêque en pierre noircie et orné d'une croix de fer.

Derrière la chapelle, l'on voyait les restes d'une abbaye à plein cintre, dont milord avait la clé ; à un kilomètre environ se trouvaient des souterrains qui servaient de refuge à la secte des Molly-Maguire. L'endroit était sauvage ; l'absence de végétation donnait au paysage quelque chose de dur et de sombre. Un chêne poussé dans la partie la plus reculée des ruines étendait ses longs rameaux sur la double toiture, comme pour la protéger. La bruyère blanche et rose piquait le grès et bordait le sentier. Des quartiers de roche amenés par les torrents emplissaient les excavations où les tiges des ronces couraient capricieusement.

Jamais le jeune lord ne s'était aventuré après l'*Angelus* au milieu de cette campagne hostile qui recelait des ennemis dans le creux des rochers, comme les ruines qui donnaient quelquefois asile au voleur de grand chemin. La lune, brillant dans un ciel bleu pâle, inondait les grès de ses rayons d'argent ; sous sa lumière voilée, les lignes du paysage s'adoucissaient, et l'air tiède, chargé d'aromates, agitait faiblement les brindilles qui poussaient en se jouant entre les pierres. La nature, muette comme un sépulcre, était mystérieuse comme un sphinx.

Sir Georges, très peu porté, par tempérament, à la rêverie, marchait à pas lents, éprouvant cette sensation qu'inspire la solennité de l'heure dans un lieu sauvage. Son caprice pour Jeanie doublait la mélancolie langoureuse de cette promenade nocturne, qui avait pour lui un attrait romanesque. L'imagination qui joue le beau rôle dans l'amour était prise et sir Georges distrait ne prêtait pas l'oreille à de faibles bruits qui partaient d'un sentier parallèle au sien. Sir George oubliait qu'il était seul dans cette solitude peuplée d'ennemis. Il s'enfonça dans un chemin noir, creusé dans le roc, car il

s'était souvenu que Nora devait l'attendre derrière une touffe d'ajoncs et de bruyères; une
ombre humaine se dressa. Sir George ne manquait pas de vaillance et il eut le sang-froid
obligé de la circonstance.

— Je n'ai que très peu d'argent, dit le jeune
lord, qui tendit sa bourse à cet homme qu'il
prenait pour un voleur de grand chemin.

— Si vous avez de la mémoire, répondit
sir William, vous vous rappellerez que vous
m'avez vu, il y a quelques jours.

Et il quitta son manteau.

— Le Molly-Maguire, sir William, dit le
jeune homme.

— Lui-même.

— Votre audace est au moins étrange,
reprit sir Georges, nous n'avons pas fait rôtir
que je sache un de vos paddys... en somme
que me voulez-vous ?

— J'estime que milady Herbur y ignore la
conduite de sa première femme de charge?

— La conduite de Nora ne vous regarde pas, répondit sir Georges avec hauteur.

— Elle a résolu, milord Herbury, de vous livrer Jeanie. Vous voyez bien que je sais le secret de votre promenade nocturne.

— Etes-vous le tuteur de Jeanie ou...

— Cessez vos railleries dont je n'ai que faire. Je ne veux pas essayer de raisonner avec vous, je sais que vous méprisez la langue que je parle; le tyran et l'opprimé ne peuvent s'entendre, mais je vous réponds que je suis déterminé à défendre miss Emmet.

Sir George, un peu troublé, ne perdit cependant pas son assurance; il haussa les épaules.

— Et si cette fille est venue de son plein gré?

— Vous blasphémez.

Sir Georges éclata de rire.

— Rien ne prouve rien.

— Je croyais qu'une Irlandaise, jeune, jolie,

était libre d'aimer un gentleman ou un manant; il paraît que tu lui refuses cette liberté... ah! ah! ton zèle pour les paddys va trop loin.

— Jeanie ignore la honte qui l'attend.

— Jeanie m'aime, entends-tu?

— Vous mentez.

— Misérable!

La main de fer de William s'abattit sur l'épaule du jeune lord, qui sentit, à ce contact, s'allumer toute la haine de sa race de privilégié.

— Molly-Maguire, n'oublie pas que celle que tu défends répondra de l'acte criminel que tu commets et les représailles, qui ne se feront pas attendre, seront terribles.

— La mort est préférable à la honte, la mort est préférable à la servitude. En attendant les représailles que vous me promettez avec tant de véhémence, je vous tiens.

Sir Rinthler mit sir George dans l'impossibilité de se défendre; il le bâillonna, lui noua un mouchoir sur les yeux, chargea sur ses épaules le jeune lord transformé en paquet, et prit le sentier abrupt des souterrains.

XI

Kilke attendait avec impatience la sortie de Nora. Enfin il l'aperçut et vint au-devant d'elle. Ses petits yeux jetaient des éclairs.

— Eh bien ! Jeanie ?

— Elle va venir ; ne craignez rien.

— Mistress Nora, dit le fermier, j'ai réfléchi ; je ne veux pas, pour cent misérables guinées, livrer miss Emmet.

— Vous plaisantez, Kilke.

— C'est la vérité, mistress Nora.

— Comment expliquer vos tardifs scrupules ? Il y a quelques heures vous paraissiez pressé d'argent ?

Elle jeta un regard de défiance au fermier ; le voyant hostile, elle s'arrêta.

— Voulez-vous, oui ou non, les cent guinées ? Je les ai là, tenez.

Elle montra la bourse qui les contenait.

— Vous n'avez qu'à étendre la main, Kilke.

— Mistress Nora, milady nous ferait rouer vifs, si elle découvrait cette vilaine action. Avez-vous songé que Jeanie peut parler ?

— Soyez tranquille, Kilke, elle ne parlera pas.

— Je vous ai déjà dit, je crois, qu'elle appartenait à une famille noble. Elle pense autrement que « ses devancières » et agira d'une façon différente.

— Les raisons que vous donnez ne sont pas les vraies. Je vous connais, compère ; d'ordinaire, les scrupules ne vous gênent pas.

— Si vous me connaissiez, répondit le fermier en appuyant sur ces mots, vous vous garderiez bien de me railler. Je vous préviens que je reprends ma liberté.

— Votre liberté ! Ah ! elle est bonne, celle-la ; vous n'en avez plus le droit, il me semble.

— Il est toujours temps de se reprendre.

— Quelles sont vos intentions, Kilke ?

Elle lui lança un regard venimeux.

— Je n'en ai pas, mistress Nora. Combien vous ont rapporté vos affaires antérieures à celle-ci ; sir Georges est généreux, très géné-reux, cela se comprend, il est si riche !

— Hein ?... Que voulez-vous dire ?

— Je veux sauver Jeanie de vos griffes, voilà tout.

— Est-ce que vous avez prévenu sir Georges de vos scrupules ?...

— Mon jeune maître ignore mes plans, mais milady peut les savoir.

— Puis-je les connaître, demanda Nora, hors d'elle.

— Il se peut que vous ne les trouviez pas de votre goût.

Ils marchaient lentement, les pieds de la femme de charge s'embarrassaient dans les tiges sèches de la bruyère.

— Vous me déclarez la guerre, eh bien ! je l'accepte. Au revoir, Kilke.

Elle voulut reprendre le sentier, dont elle s'était éloignée, mais le fermier la retint.

— Nous n'avons pas fini de causer, mistress Nora.

— Je ne veux plus vous entendre, puisque nous ne nous comprenons plus.

— Savez-vous, mistress Nora, qu'en tout pays, le droit appartient au plus fort ? et que la ruse est victime de la force ?

— Où voulez-vous en venir, Kilke ?

— Que tu es une coquine, que sir Georges t'a versé trois cents guinées et que tu as cru bon de ne m'en donner que cent.

Il lui prit les mains.

— Au secours, dit Nora, effrayée.

— Aucun témoin ne peut t'entendre.

— Vous êtes un scélérat ; vous m'avez tendu un piège, dit cette femme en tentant de se dégager.

— Tu m'as volé.

Elle le mordit à la main.

Kilke, hors de lui, la jeta par terre et lui serra le cou avec violence.

Les plaintes de l'agonie de Nora se mêlèrent au murmure de la bruyère ; l'écho les répéta, puis le silence se fit, la mort avait fait son œuvre.

Kilke dépouilla le cadavre et trouva l'or et les billets cousus dans une petite jupe que Nora ne quittait jamais.

Quand il releva la tête, il vit Werner devant lui ; le garde était pâle, l'horreur contractait ses traits.

Le fermier, l'œil ardent, encore accroupi devant sa victime était tout prêt à l'attaque ou

à la fuite. Son regard incisif plongeait dans les yeux de Werner.

— Malheureux ! de qui es-tu l'exécuteur ?

— De ma colère, dit le fermier qui fouilla l'obscurité. Cette coquine m'a poussé à commettre un crime que je n'avais pas médité.

— Où est miss Emmet ?

— Elle doit être à la chapelle ; je cours la chercher.

— As-tu vu sir William ?

— Est-ce que sir William serait à Herbury ? Où est-il ? Conduis-moi vers lui... Je... je lui... expliquerai la mort de Nora.

— Tu as tué cette femme pour la voler,

— Werner !

— Tu es son complice ! Nora et toi, vous avez vendu Jeanie à sir Georges. Sir William connaît ta conduite.

— Tu mens, Werner, j'ai feint de partager les vues vénales de cette femme pour sauver miss Emmet, et je vais attacher sur la poitrine de cette coquine un écrit infamant. Je me moque de la justice anglaise, Werner.

Et il s'enfuit en courant vers la chapelle pendant que Werner étonné le suivait.

Jeanie, lassée d'attendre Nora, devant la croix, était entrée dans la chapelle où elle resta environ une heure.

Inquiète de la longue absence de sa compagne, elle quittait le sanctuaire au moment où le fermier entrait dans la chapelle.

Apercevant la jeune fille, il l'entraîna dehors, et lui apprit comment elle avait échappé au danger.

Pour la seconde fois, Jeanie mit sa main dans celle de ce scélérat, qui ne lui parla pas de la mort de Nora.

Il lui fit promettre, en échange du service qu'il venait de lui rendre, de ne pas quitter Herbury.

Cette compensation parut étrange à Jeanie qui n'osa en relever la contradiction.

— Ne m'interrogez pas, miss Emmet, je ne pourrais vous répondre, mais croyez que je veille sur vous et qu'il ne vous arrivera rien. Rentrez, milady a besoin de vos services.

Kilke s'engagea dans le sentier qui conduisait à sa demeure.

Le fermier devenait mystérieux et l'angoisse serra le cœur de la pauvre fille.

XII

John, l'impassible John, le flegmatique
John, était dans le parloir qu'il arpentait à
grands pas.

— Enfin, vous voilà, Jeanie ! D'où venez-
vous, à cette heure ? Vous êtes sortie sans
permission.

Il y avait dans le ton, dans l'accent, quelque
chose de blessant qui confondit miss Emmet.
Néanmoins, elle répondit avec calme.

— Nora, qui avait les ordres de milady, m'a
dispensée de tout service, et m'a priée d'aller
l'attendre à la chapelle.

Une pareille réponse équivalait pour John à une promenade dans la lune, car il savait Nora très peureuse et sans un brin de dévotion.

— Ecoutez, Jeanie, je ne puis transmettre à milady votre fable.

La jeune fille lança à ce prétentieux imbécile un regard indigné.

— Je dis la vérité, dit-elle simplement.

— Où est Nora ?

— Je l'ignore, puisque, je vous le répète, elle n'est pas venue à la chapelle.

John sortit porter cette étrange réponse à sa maîtresse. Jeanie était comme pétrifiée, et de grosses larmes roulaient dans ses yeux. Que lui voulait-on ? Pourquoi ne la croyait-on pas ?

Werner entra rapidement dans le parloir et remit à Jeanie le billet suivant :

« Miss Emmet,

» Quittez le château de suite et retournez à Clare.   » William RINTHLER. »

Jeanie lut en tremblant cette ligne écrite à l'encre rouge et ses yeux interrogèrent Werner qui mit un doigt sur sa bouche pour lui recommander le silence.

— J'ai promis à Kilke de ne pas quitter le château.

— Obéissez à sir William, souffla le garde qui sortit.

Elle n'en doutait plus, un danger la menaçait dans ce château, et elle se souvint de la prédiction de la petite mendiante. Kilke et Nora, que Trécy qualifiait de coquins, lui avaient-ils tendu un piège? La proposition de Nora, à laquelle elle ne pouvait songer sans rougir, était-elle le prologue d'un drame? Le mystère enveloppait l'esprit de Jeanie. Fuir? Comment fuir? La fuite donnait raison aux présomptions qui pesaient sur elle. Non, elle ne voulait pas fuir, avant l'arrivée de Nora dont elle devait dénoncer la conduite, car elle ignorait que Nora fût morte.

Innocente, naïve, elle s'imaginait que sa voix serait entendue, parce qu'elle était vraie et qu'il ne lui suffisait que de parler pour dissiper le soupçon qui planait sur elle. Le soupçon! de quel nature était-il? Et au fond de quel abîme allait-elle rouler? Les choses muettes et inanimées qui l'entouraient avaient un aspect redoutable. Le silence l'effrayait; et ses yeux inquiets fouillaient les coins, les embrasures des portes, des fenêtres, comme s'ils recélaient l'ennemi invisible.

La vision ensoleillée de la maison de la baie vint redoubler son angoisse. Oh! mon Dieu, pourquoi était-elle venue ici!

John revint et lui dit que milady désirait lui parler. Il conduisit la jeune fille dans le petit salon rouge où se trouvaient milady et lady Alice.

L'attitude hautaine, glaciale, méprisante des deux grandes dames vainquit l'émotion de la jeune Irlandaise, qui sentit quelque chose d'implacable dans la pose nonchalante des deux femmes. Malgré la chaleur, elles se tenaient à demi-allongées sur des sièges moelleux, sorte de lits de repos, roulés devant le feu qui flambait dans la vaste cheminée armoriée.

Après que John eut refermé la porte, Jeanie s'avança silencieuse devant la comtesse, qui jouait avec un de ses chiens favoris.

— Vous n'ignorez pas, dit brusquement milady en se redressant par un mouvement très vif, qui ne manquait pas de grâce, que vos mensonges peuvent être découverts ?

— Je n'ai jamais menti, milady, dit Jeanie avec dignité

Les yeux de lady Alice étincelaient de haine.

— Je vous ai déjà dit, milady, que cette Irlandaise était bonne à pendre.

En entendant cet arrêt, que rien ne motivait, Jeanie prit alors cette résolution extrême que le désespoir inspire à l'innocent quand il voit toute chance de salut compromise.

Elle s'agenouilla à la place que le chien venait de quitter, et joignant ses mains, elle dit de sa douce voix :

— Votre Grâce veut-elle me faire la faveur de m'écouter ?

Il y avait un tel sentiment dans cette prière, que milady surprise, daigna abaisser son regard vers celle qui la sollicitait.

— Il se passe ici quelque chose que vous ne savez pas et que vous devez savoir.

La mère et la fille échangèrent un regard d'intelligence.

— Lady Alice ne doit pas entendre ce que j'ai à dire.

La comtesse, fortement intriguée, regarda Jeanie avec curiosité et fit signe à sa fille de sortir. Celle-ci n'obéit qu'à regret.

— Milady, qui a loué à James Tipperay, le droit de pêche du produit duquel ma grand'-mère et moi vivions, a eu la bonté de me choisir pour femme de chambre, attention dont nous avons été touchée, je prie Votre Grâce de le croire...

Milady arrêta net cette entrée en matière par cette exclamation :

— Cette fille est folle ! où prenez-vous ce que vous dites ?

— Il y a, milady, murmura Jeanie en fondant en larmes, de la bonté dans votre cœur, de la pitié dans votre âme, protégez-moi, secourez-moi ; Kilke est un homme affreux s'il n'a pas agi d'après vos ordres.

— Expliquez-vous, Jeanie ?

— Milady, laissez-moi me remettre ; ma tête éclate... et... je n'oserai jamais... Kilke se disait notre ami encore à l'instant..

Jeanie retraça les faits que le lecteur connaît avec netteté et un accent de vérité qui bouleversa la grande dame. Milady sonna et pria Jeanie de se lever.

John se présenta.

— Kilke est-il là?

— Il demande la faveur de parler à Votre Grâce.

— Faites-le entrer, et, quand je sonnerai de nouveau, vous introduirez Werner.

Le garde, qui avait toute la confiance de milady, devait avoir eu vent des intrigues du fermier.

Kilke s'avança avec aisance vers la comtesse, et après un profond salut, il dit sans daigner jeter un regard à Jeanie, stupéfaite de tant d'audace :

— Il se passe des choses graves, milady, Nora a été assassinée dans le champ de bruyère, voisin de la Croix-de-Forbach, et sir Georges a disparu.

Ces deux coups de massue atteignirent la femme et la mère ; la mère surtout.

Milady, pâle comme son déshabillé de crêpe de Chine blanc, sonna de nouveau.

John introduisit Werner.

Milady fit signe à Jeanie de se retirer.

— Werner, dit la comtesse, j'ai confiance en toi, sais-tu que Nora est assassinée ?

— Je le sais.

— Par qui ?

Dick garda le silence.

— Voudrais-tu laisser accuser un innocent ? Ne serait-ce pas un Molly-Maguire ? et Jeanie ne serait-elle pas sa complice ?

— Non, milady, ce n'est pas le Molly-Maguire, et il ajouta, en montrant Kilke : C'est lui. Il avait ses raisons que si Georges pourra dire à Votre Seigneurie.

— Milady, Werner est un imposteur. Il est le disciple fervent de cet homme qui est la terreur de la contrée.

— John, Henry, Patrick, cria milady, je veux

confronter mon fermier avec mon fils ; priez sir Georges de descendre.

John obéit et revint en disant que sir Georges était sorti, et il y avait plus de deux heures.

— Milady, s'écria Kilke, je trouverai sir Georges.

— Si tu me ramènes mon fils, dit la mère, tu sauveras ta tête.

XIII

Un dernier rayon de soleil rougissait encore le sommet de la montagne du Sliève-Callan lorsque Jeanie en atteignit le dernier gradin. La nuit noircissait déjà la plaine, prêtant des formes fantastiques aux buissons et au granit, sur la couche brune duquel glissait le crépuscule.

Jeanie, la mort dans l'âme, l'esprit hanté par le fantôme de Kilke qu'elle croyait voir surgir derrière les rochers, songeait aux avis de la petite mendiante qu'il eût été sage d'écouter. Comme ses espérances qui éclairaient sa première halte sur ce même sommet, d'où l'on découvrait une étendue immense, s'étaient obscurcies !

Elle avait, elle, cette douce et fière fille du pays d'Ossian, coudoyé la valetaille repue et corrompue, complaisante et basse, prête à tout pour satisfaire ses instincts canailles et arrondir son ventre. Son humilité respectueuse, son désir de bien faire avaient excité la risée de ces gens, et même ces deux belles qualités avaient été incomprises des altières miladies. La cuisine du château était une sorte de réceptacle louche. Le salon était un temple qui n'était accessible qu'aux privilégiés du sort et de la fortune ! Et ces Anglais lisaient la Bible, affichaient, en apparence, des airs confits en dévotion qui contrastaient singulièrement avec leurs vices secrets.

Elle était enfin délivrée de tous les hideux cauchemars, qui hantaient son sommeil et rendaient sa vie si malheureuse depuis qu'elle

avait quitté sa chère maison de la baie. Le
ciel s'éclairait lentement et Jeanie vit briller
l'étoile qu'elle regardait en allant jeter ses
filets. Ah! le doux souvenir, la belle vision!
Elle promenait ses yeux autour d'elle, et aspirait l'air pur à pleins poumons. La nuit était
paisible comme sa conscience et la campagne
sentait bon. Elle apercevait enfin les chères
paillottes endormies dans la plaine noire. Elle
murmura tout bas une ballade écossaise. Bichette, attachée à la palissade de l'enclos, se
mit à bêler joyeusement. Elle avait, la brave
bête, reconnu le pas de sa maîtresse.

Les Dergh, fatigués des travaux de la jour-
née, sommeillaient.

Katy habitait la paillotte de Jack, qui se
distinguait des autres par une élégance toute
rustique. Une vigne vivace, aux tiges rous-
sâtres, enveloppait la petite toiture de
chaume, et le cep abritait la fleur bleue qui
ne croît que sur les glaciers.

Katy veillait, assise au coin de la cheminée, sur un escabeau de bois d'acacia, que Jack, dans ses heures de loisirs, avait naïvement sculpté.

Depuis le départ de sa petite-fille pour le château d'Herbury, Katy ne se mettait au lit qu'avec répugnance. Son sommeil léger était plein de visions. Les souvenirs tragiques des faits qui avaient traversé l'aurore de sa vie l'assaillaient avec force. Non pas qu'elle doutât de la bonne foi du fermier dont le père avait été protégé par le grand-père de Jeanie, mais les Dergh avaient altéré sa confiance en lui présentant Kilke sous un jour vénal. Il ne se bornait pas, comme tous les Irlandais, à aimer avec passion cette terre qu'il cultivait pour le compte d'autrui, mais il avait un goût prononcé pour les schellings et le confortable anglais. Il était moins « un frère » qu'un esclave des grands. Sa convoitise faisait taire ses scrupules.

Ce réquisitoire était accablant pour une femme éclairée, consciencieuse et animée d'une sorte de partialité patriotique.

Katy ne pouvait pardonner la bassesse ni la trahison. La mort terrible de son fils, jetée comme un défi à sa hardiesse, ne l'intimida point. On brûla son château, on confisqua ses terres ; son cœur resta fidèle à sa patrie. Ce front que les grandes douleurs avaient plissé, ce regard d'azur empreint d'héroïsme avaient l'un et l'autre, au début de ce siècle, inspiré une noble passion à un non moins noble général français, mais Katy, fiancée au baronnet, resta fidèle à sa parole. Le général savait qu'une pareille femme est indispensable aux éléments de la fortune, qu'un amour aussi glorieusement inspiré est fait pour comprendre les grandes choses, assez riche de délices pour en subjuguer les erreurs...

Jeunesse, beauté, amour, triomphe n'étaient plus que des souvenirs perdus dans la nuit des temps, et Katy, qui évoquait cette vie si remplie, sentit que l'ère des épreuves n'était pas close.

Jeanie ouvrit la porte, et un grand rayon de lune inonda de sa clarté la tête de Katy.

— C'est toi, mon enfant !

La voix de la vieille femme vibrait comme un instrument.

— Ah ! grand'mère, vous m'attendiez, dit Jeanie qui embrassa son aïeule.

— Oui et non. J'étais inquiète, avais-je tort ?

Jeanie garda le silence.

Katy s'empressa d'allumer la petite lampe suspendue à la cheminée par une tige de laiton.

Jeanie fut surprise de l'expression qui animait les traits de sa grand'mère.

La pâleur de la jeune fille, son air inquiet, trahissaient une agitation qui justifiait trop la sombre angoisse de Katy.

— N'ai-je pas commis une imprudence en te confiant à Kilke ?

— Avez-vous vu sir William, demanda Jeanie ?

— Pourquoi me fais-tu cette question ?

— Il m'eût dispensée de vous raconter une histoire répugnante, répondit la jeune fille, qui narra les faits qui venaient de se passer.

Elle ajouta :

— Votre vue me fait du bien ; je me sens déjà mieux, mais mon Dieu ! que j'ai souffert !

— Mon enfant, ma chère enfant, que je suis coupable ! Je ne voulais pas, vois-tu, jeter dans ton âme les germes de la défiance, mal qu'on exagère toujours à ton âge.

— Milady, ajouta Katy brusquement, oubliait qu'elle parlait à une égale ; tu es la nièce, Jeanie, de sir Robert Emmet dont tu sais la triste fin.

Jeanie se dressa de toute sa hauteur.

— Quoi ! cet homme qui a payé de sa vie son amour pour les principes de droit et de justice était votre fils, dit la jeune fille qui regarda avec une admiration attendrie ce visage vénéré. Et vous avez vécu de la vie des paddys! Ah! grand'mère, quelle femme vous êtes !

— N'ai-je pas bien fait de te délivrer du fardeau d'un nom que la misère ne te permettait pas de porter, et m'en voudras-tu, ma Jeanie, de t'avoir initiée à une existence toute d'épreuves. Nous sommes un des nombreux exemples du triste retour des choses d'ici-bas. La misère nous étreint, mais, au moins, nous sommes fortes contre elle. Je n'ai jamais raisonné avec toi de ces choses, parce que je trouvais inutile d'éveiller dans ton cœur des pensées étrangères à l'existence qui t'est faite.

— Vous n'avez éveillé en moi que l'idée d'imiter les vertus de mon oncle.

— Les aspérités d'un tel chemin ne sont point faites pour des pieds féminins. Tu peux imiter sir Robert en épousant Jack; en étant pour lui une bonne femme. Jeanie, écoute ton aïeule, le bonheur est seulement dans

l'accomplissement de ces austères devoirs...
Je suis vieille, je ne voudrais pas te voir seule
au monde... Jack...

— N'insistez pas, je vous en prie, dit Jeanie
avec une certaine vivacité.

— Est-ce que ma révélation t'aurait rendue
orgueilleuse ?

— Oh! grand'mère, pouvez-vous avoir de
moi une pareille opinion ?

Elle ajouta tout bas :

— Je n'aime que les héros comme sir Robert.

Katy la pressa sur son cœur :

— Ma noble enfant !.,. mais tu dois avoir
bien faim ?

Elle servit à Jeanie un bon bol de thé et des
rôties que la jeune fille mangea avec appétit.

— Il me semble que je renais ! Que la
flamme de ce foyer est joyeuse et qu'on est
bien ici !

— Chère enfant !.

Jeanie parla de la maison de la baie, de

la possibilité de reprendre là-bas la vie passée.

Katy secoua mélancoliquement la tête.

— Il n'y faut pas songer... Notre présence gênerait Milord et son fermier. Nous irons en Ecosse, Jeanie ; ton oncle et ton grand-père ont laissé dans ce pays de bons amis qui nous donneront l'hospitalité.

— Quitter Clare et Ennis, dit la jeune fille avec chagrin, vous croyez que...

Un coup violent frappé à la porte arrêta Jeanie.

Katy alla ouvrir.

C'était Kilke, mais il n'était pas seul. Sa femme, qui tenait son dernier né dans ses bras, l'accompagnait. Les yeux de Katy prirent une expression que Jeanie ne leur connaissait pas.

— Quelle audace ! murmura la vieille.

— Mistress, murmura Marie, Kilke est plus malheureux que coupable.

— Cet homme n'est plus un « frère », c'est un ennemi, qu'il sorte !

— Mistress, sanglota la jeune femme, sa tête est en jeu, il faut bien qu'il la défende.

— Miss Emmet, je le vois, m'a desservi, dit humblement le fermier; je ne proteste pas, toutes les apparences sont contre moi, oui, j'ai été le complice de l'ignoble Nora; j'ai feint de partager ses vues et son argent, mais c'était pour sauver miss Jeanie et cela est si vrai, que je suis un assassin... Pour conjurer le danger qui menaçait miss Emmet, j'ai étranglé Nora.

Jeanie poussa un cri, Katy fit un geste et Marie cacha sa figure dans ses mains.

— J'ai commis une autre lâcheté, ajouta cet homme, j'ai mis mon crime sur le compte de sir William, parce que Milady m'accusait de trahison envers les lois anglaises qui régissent notre malheureux pays. Sir William peut être chargé à tort, parce que personne ne le livrera; mon but en le chargeant à été de gagner du temps pour nous sauver tous des griffes du vautour anglais. Je me suis donc mis volontairement une mauvaise affaire sur les bras ; si, après avoir surpris le secret de Nora, j'avais agi selon *mon cœur* et *ma conscience*, j'étais perdu et miss Emmet vous était enlevée, Mistress, car sa merveilleuse beauté a ensorcelé sir Georges.

Pouvais-je vous initier à ces abominations, vous faire toucher du doigt l'ignominie à laquelle vous n'auriez pas cru? Est-ce que votre esprit tourné vers les nobles choses en eût saisi le sens? Non, ce siècle n'est pas le vôtre, et il m'en coûte de détruire vos illusions. A l'adresse j'ai opposé l'adresse, et j'ai agi quand il a fallu agir. Tout aurait bien marché, si miss Jeanie avait suivi mes humbles avis. Nous vivons à une époque affreuse, mistress, époque toute physique, où sans vergogne, les puissants de la terre ont des pourvoyeuses attitrées de « chair fraîche », époque où l'innocence et la beauté sont côtées comme

de viles marchandises. Autrefois l'on demandait le consentement de celles qu'on désirait;
aujourd'hui, l'on s'en passe; ça n'en vaut pas
la peine, l'on prend, l'on paie... et voilà.

La pruderie des mœurs anglaises tente de
s'implanter sur notre sol, il y a ici beaucoup
de Nora et pas mal de sir Georges; qu'y
faire? rien. Il faut bien vivre. Triste métier
que de servir les grands, mais que ne ferait-
on pas, ajouta-t-il, en montrant son dernier
né, pour donner du pain à ces petits-êtres là.

Katy, bouleversée par les affreux tableaux
que Kilké lui avait fait passer sous les yeux,
ne savait que penser; son esprit solitaire, qui
ne vivait que du passé, était absolument con-
fondu. S'ils étaient vrais ces tableaux, la dé-
crépitude menaçait l'Ile toute entière, car à
ce mal, elle ne voyait pas de remède; ses im-
pressions, du reste, tenaient du rêve. Kilke se
dénonçait avec bonne foi, et, comme il le disait, les apparences étaient contre lui. Cet

homme appartenait à la race vénale des cor-
rompus, mais il possédait l'érange pouvoir de
convaincre parce qu'il était sincère dans sa
scélératesse, et ce qu'il y avait de singulier
c'est que sa diatribe, bourrée de sentiments
partait d'un esprit conscient : Kilke eût été à
sa place dans les cours d'Orient.

— Suppose que je te croie ; tu n'es pas
venu ici chercher l'approbation de ta conduite, ajouta froidement la vieille femme.

— Ah ! non, mistress, répondit-il, d'un ton
à la fois simple et naïf ; je ne vous eusse pas
fait connaître les angoisses par lesquelles je
suis passé et je me fusse moins empressé de
courir après miss Emmet, si je n'y avais été
obligé. Milady veut confontrer miss Emmet
avec sir Georges, car la comtesse est très sé-
vère sur le chapitre des mœurs.

— J'accompagnerai Jeanie au château
d'Herbury.

— Non, grand'mère, le chemin est long et

difficile. Je saurai bien me défendre de cet homme, dit Jeanie en jetant au fermier un regard de défi.

— Ah! que vous avez tort, miss, de me parler ainsi.

— Il faut, pour vous croire, une confiance que nous n'avons plus.

Le fermier baissa la tête, pour ne pas laisser voir la haine qui brillait dans ses yeux. Du reste, un scélérat ne pardonne pas à celui ni à celle qui lève son masque.

Le bruit des voix avait réveillé les Dergh, Jack s'était levé, il se montra sur le seuil de la porte laissée ouverte.

— Jack, dit Katy, veux-tu accompagner Jeanie au château d'Herbury, et peux-tu me promettre de me la ramener?

— Je veux bien accompagner miss Jeanie, et je vous promets de vous la ramener, mistress.

— Merci, mon garçon, dit l'excellente vieille.

XIV

Kilke laissa Jack accompagner Jeanie et ces quatre personnes reprirent la route qui conduisait au château d'Herbury. Ils arrivèrent vers cinq heures devant la grille, et naturellement, elle ne s'ouvrit que pour le fermier et Jeanie. Jack, tout penaud, resta dehors ; la femme de Kilke, sur un ordre de son mari, avait regagné sa paillotte. Le fils de Dergh, inquiet, parlementa avec Georgina pour entrer ; la Werner lui répondit qu'il était bien où il était et elle lui tourna le dos.

Kilke eut un mauvais sourire que Jeanie saisit au passage et elle fit un signe d'adieu a Jack

— Je vous attendrai, miss Emmet.

— C'est cela, répondit ironiquement le fermier.

Kilke conduisit Jeanie dans le parloir où elle devait rester jusqu'au lever de milady. John passa à côté d'elle, sans la reconnaître. Elle comprit que la calomnie avait agi pendant son absence. Elle brava ce mépris par une attitude calme et résolue ; elle n'avait rien de commun avec cette valetaille abjecte.

Martha vint, de la part de lady Alice, dire au fermier que milady reposait et qu'elle ne le recevrait que vers dix heures.

Georgina, sous un prétexte quelconque, était venue demander son mari et avait fait un signe à Kilke. Elle ignorait, bien entendu, que le fermier eût, dans un moment de colère, étranglé son amie Nora.

Georgina ne cessait de proposer comme exemple Kilke à son Dick : le fermier s'était déjà rendu acquéreur de plusieurs hectares de bruyère qu'il avait défrichés, et cette terre, maintenant, était en plein rapport, tandis que le garde, dépourvu d'initiative et manquant de sens pratique, ne possédait pas un « farthing. » En voilà un qui ne se préoccupait guère de cet illuminé de sir William !

Kilke n'était pas un homme à façon, il trouvait bonnes les guinées anglaises et ne marchait que conseillé par son intérêt. Georgina avait pour le confortable le même amour que Kilke, mais l'ambition de la femme du garde était plus modeste que celle du fermier ; elle ne demandait qu'à conserver sa place. Or, elle la voyait menacée par les visites fréquentes de sir William. Combien le fermier avait eu tort d'introduire au château cette jeune Irlandaise ! Georgina flairait bien quelque chose de louche dans la conduite de son bon ami Kilke ; — mais, pour les shellings anglais que ne ferait-on pas ? L'argent n'a pas d'odeur. Mais comment allait-on se tirer de là? Sa perte entraînait celle de son ami Dick, et son égoïsme en était cruellement affecté.

Le fermier suivit Georgina dans la buanderie, seul lieu où l'on puisse parler sans témoins.

Elle raconta avec sa volubilité ordinaire la visite de sir William, et avertit Kilke que sa vie était menacée, à moins que milord, auquel on avait télégraphié, ne débarrassât le comté de cet abominable Molly-Maguire. Elle approcha sa bouche tout près de l'oreille de Kilke et lui murmura comme un souffle :

—Sir Georges vit... Il est enfermé là-haut dans les souterrains des rochers, et si vous n'aviez pas couru après cette Irlandaise, tout aurait pu s'arranger.

— C'est, au contraire, la présence au château de cette Irlandaise qui arrangera nos affaires.

Georgina, surprisé, regarda Kilke.

— Je ne le crois pas.

— J'ai mon plan. Où est Dick?

9

— Où il est? est-ce que je le sais. Quand je me suis réveillée ce matin, la place à mes côtés était froide, il avait donc longtemps que Dick était levé. Je l'ai appelé, il n'a pas répondu. Sir William a exercé sur mon Dick un empire que je ne puis combattre. Que voulez-vous que j'oppose à une abstraction... à une idée dont il est entiché! Il ne [parle que de l'exercice de ses droits, de l'égalité, de la conscience universelle : tout cela, ce sont des mots aussi obscurs que les ténèbres...

En voyant pâlir le fermier, Georgina ajouta :

— Venez prendre du thé au wisky, cela vous remettra... et... nous causerons.

La maison de Georgina disparaissait sous les rameaux des chênes centenaires, les murs restaurés des vieux remparts s'élevaient très haut, et, dans cette muraille granitique était pratiquée une petite porte [par laquelle le garde sortait pour se mettre à l'affût dans l'enclos qu'entourait le parc. Les domestiques n'allaient jamais de ce côté, encore moins milady et lady Alice. Sir William pouvait donc venir voir Dick sans éveiller l'attention.

— J'ai en effet besoin de me réconforter, vous êtes excellente, Georgina... miss Emmet pourrait prendre le thé avec nous. Me permettez-vous de l'aller chercher ?

— Vous plaisantez, Kilke, ce n'est pas possible, la présence de cette Irlandaise sous mon toit ne peut que me nuire.

— Elle peut, au contraire, vous être utile vous avez confiance en moi, Georgina ?

— Certainement, et, si Dick vous ressemblait, je ne serais pas tourmentée comme je le suis.

Georgina courut préparer le thé, pendan que Kilke retournait au château.

Le fermier alla trouver John, et lui dit qu'il emmenait Jeanie chez Dicke, et, qu'à l'heure dite, miss Emmet et lui seraient là.

— Miss Jeanie, mistress Werner n'ose vous

parler ici, voulez-vous venir chez elle ?

— Je ne connais pas cette dame, répondit froidement la jeune fille.

— Jack l'a peut-être chargée d'une commission pour vous ?

Cette réponse habile décida Jeanie.

Elle suivit Kilke.

Georgina fit un accueil chaleureux à la jeune fille.

— Chère miss, une pauvre femme, bien affligée de tout ce qui se passe, vous prie de vous asseoir à sa table, en compagnie de Kilke, notre ami commun.

Jeanie allait répondre par un refus à cette étrange invitation, quand la porte qui communiquait avec le jardin s'ouvrit, et sir William entra.

Georgina laissa tomber la théière qu'elle tenait à la main ; Kilke, interdit, se tint coi. Les yeux de Jeanie s'animèrent, et elle tendit ses deux mains à sir William qui les prit et les serra.

XV

La scène ne manquait pas d'intérêt : Kilke, si crâne, si souple, si insinuant, voir même éloquent, était réduit à néant devant sir William. Sa langue semblait gelée. Ses petits yeux d'où la lumière s'était retirée se levèrent vers la pendule qui ne marquait que huit heures. Avait-il été trahi par Dick ? Georgina lui avait-elle tendu un piège ? Soupçon cruel, confusion pénible, il était joué, lui qui se donnait ce divertissement à l'égard des autres. La rage de l'impuissance exalta ses mauvais instincts, rendit plus âpres ses pensées de vengeance. Il était certainement perdu ; aucun secours probable ne pouvait venir du château , mais si par miracle il échappait au poteau, il se promettait bien d'y envoyer Werner et les autres... Quelle fatalité l'avait amené là !

Sa défaite flagrante contrastait si vivement avec son assurance passée, son attitude piteuse avec sa crânerie verbeuse, que Jeanie, bien que prévenue contre lui, sentit sourdre cette pitié inhérente aux grands cœurs : cet homme lui parut un ver de terre qu'il était inutile d'écraser. Puisque ce misérable tenait à la vie, il fallait la lui laisser : logique de femme, utopie humanitaire que réprouvent l'expérience et le bon sens.

La générosité pour le scélérat est un non-sens. La bête malfaisante, une fois démuselée, se tourne avec rage vers son libérateur, en politique comme en toutes choses. Ceux qui émettent la théorie de la magnanimité sont de mauvaise foi ou bien ils ignorent la pratique de la vie...

L'œil de sir William, comme celui de l'archange des romantiques, galvanisait Kilke, qui ne pouvait échapper à l'action magnétique de cet œil chargé d'éclairs.

Le fermier corrompu, le fermier avili qui n'avait exploité de son intelligence que le côté vénal et mercantile ; Kilke qui, comme le perroquet, avait réussi à retenir certaines phrases, certaines formules par l'exercice d'une heureuse mémoire, était au fond ignorant, superstitieux comme un paddy, et brusquement mis en présence de l'éternité dont il se moquait, il éprouva cette angoisse sourde, profonde, qui étreint la conscience soudainement éclairée sur les actes antérieurs de la vie : le misérable était épouvanté car le fantôme de Nora dans la bruyère, fantôme dont il croyait entendre les râles sourds, jetait l'effroi dans l'âme du criminel.

— Grâce, dit le coquin vainquant ses répugnances, et faisant litière de sa fière arrogance; grâce, sir William, je ne veux pas mourir encore, j'ai peur.

Il frissonnait, son visage était décomposé.

— Oui, grâce pour lui, s'écria Jeanie, en joignant ses mains, comme pour donner plus de force à sa prière, et en montrant ses yeux noyés de larmes.

Sir William écarta doucement Jeanie et l'expression amère que revêtit sa physionomie indiquait une profonde connaissance du sujet.

— Debout !

Kilke obéit. Georgina se cacha la figure dans son tablier.

Le fermier sanglotait.

— Ma femme, mes enfants, surtout mon dernier né, s'écria le condamné avec un accent intraduisible.

Cette note humaine jetée avec un effort suprême dans le silence funèbre de cette chambre fit tressaillir Jeanie qui repoussa sir William et courut se placer devant Kilke en disant :

— Je le défendrai contre vous. Ne l'approchez pas. La vie de cet homme est sacrée, il se repent ! N'êtes-vous plus accessible à la pitié, sir Rinthler ; un homme est plus qu'un moucheron, ce me semble.

L'indignation doublait le volume de sa voix et cependant la fermeté n'en altérait pas la douceur pénétrante. Ses yeux, dont la pupille était dilatée, inondaient de clarté sir William qui la contemplait avec mélancolie : elle ne mentait pas à sa race, ah ! non.

— Vous êtes une enfant, miss Emmet, dit-il enfin. Sous le prétexte qu'un homme se repent, sous le prétexte qu'un homme n'est pas un moucheron, faut-il, en accordant la vie à celui-ci, lui laisser le droit d'exercer le vol, l'assassinat et la délation ? La vie de Kilke n'est qu'un tissu d'infamies : cet homme est

un faux frère; cet homme a trahi sa patrie,
cet homme est vendu. Il est l'esclave de ses
propres crimes; il a plongé dans le deuil plus
de vingt familles ; il a dépossédé Lynck, réduit par ses délations à la dernière misère les
descendants de Carlington; il a fait expatrier
les deux fils de Rémoi, le mineur, qui sont
morts au fin fond de l'Australie ; il injurie nos
vivants, il insulte nos morts les plus illustres :
pas un acte de sa vie qui ne soit répréhen-
sible; pas une parole qui ne soit venimeuse.

Il a étranglé Nora pour la voler, non pour
vous défendre : Kilke a le don rare de prendre
toutes les figures, de savoir se plier à toutes
les circonstances, de profiter de toutes les
occasions, d'user de toutes les ruses ; il pos-
sède même le talent d'émouvoir. Sa bonhomie est un masque auquel on se laisse prendre; le mal qu'il a fait, il est prêt à le
recommencer, voilà l'homme dont vous de-
endez la vie, miss Emmet.

Devant cet accablant réquisitoire, Georgina avait repris l'usage de ses sens, et, stupide d'horreur, glacée d'effroi, elle regardait le fermier d'un air hébété.

— Sir William, dit Jeanie, songez que la peine du talion s'écarte de la justice souveraine dont nous relevons. On ne peut appliquer à cet homme cette peine que nos principes répudient. Je fais un pressant appel à votre pitié... et...

Sir William se détourna et s'avança vers Kilke.

—Je vous prie, ajouta Jeanie de surseoir à l'execution de Kilke qui se prétend innocent du dernier crime dont on l'accuse : il faut le confronter avec sir Georges.

— C'est du temps perdu, miss Emmet, et c'est courir à un danger inutile, vous savez que...

—Je sais, interrompit vivement Jeanie, que l'intrigue habilement nouée est complexe...

Mais si Kilke est innocent, sir William, ne sentez-vous pas que sa mort troublera mon repos ? Je suis mêlée à cette affaire, et je voudrais bien en éclaircir les points obscurs. Vous ne voulez pas, dites, que ma vie soit tourmentée par un fantôme ?

— Soit, dit Rinthler, je veux bien vous conduire en compagnie de cet homme à sir Georges, mais souvenez-vous, chère miss Emmet, que, si je suis maître, en ce moment, de la situation, il se pourrait que je ne le sois plus dans quelques heures.

XVI

Vers midi, milord Herbury arrivait en poste
à son château. Il surprit tout son personnel
et surtout milady qui n'attendait pas son mari
avant deux ou trois jours.

Milord descendit de voiture avec une vivacité qui attestait encore beaucoup de jeunesse; c'est à peine si John, qui s'était préci-
pité au-devant de lui, eut le temps d'ouvrir la
portière armoriée. Milord portait avec une
certaine désinvolture le veston de voyage et la
casquette melon. Il était absolument dépourvu
de ce haut flegme insulaire dont on se moque

peut-être à tort. La mobilité expressive de sa
physionomie donnait aux traits aquilins un
tour enjoué qui en corrigeait la dureté. Milord
était un causeur charmant; il avait le mot
juste et la répartie prompte. Mais cet homme
aimable et fort spirituel n'aimait pas l'Irlande,
pays insoumis, peuplé d'une race fauve, ingouvernable. La configuration même du sol
lui était antipathique, parce qu'elle avait
quelque ressemblance avec le caractère de ses
habitants. Les montagnes recélaient des êtres
insociables qui faisaient revivre dans leur in-
tégrité les héros farouches de Shakespeare.
L'ombre de Macbeth hantait toujours les
grottes. L'aspect des terrains âpres, plantés
d'arbres clairsemés, était sauvage, inhospi-
talier. Jusqu'aux courants d'eau noirs qui,
fuyant vers l'Atlantique, semblaient refuser
au sol ses trésors de fraîcheur. L'écho des
ruines éparses dans les vallons répétait en
gémissant des notes inconnues. La langue, le

costume, la physionomie particulière des choses, des êtres complétaient ce tableau aussi étrange que primitif et tout à fait déplaisant pour le comte habitué aux splendeurs de la capitale. « Le [haillon, la vilaine chose ! disait-il [quelquefois, [quand donc en aurons-nous débarrassé ce mauvais sol ? »

Le comte avait quitté Londres, au reçu de la première lettre de milady qui lui annonçait l'apparition de sir William sur les terres d'Herbury.

Milord, dans ses [entretiens particuliers, traitait légèrement la secte à laquelle appartenait Rinthler, mais au fond, il haïssait « cet énergumène », comme il appelait sir William, et ne pouvait lui pardonner son abandon social, encore moins son système désorganisateur qui favorisait les misérables au détriment des intérêts des propriétaires fonciers. Sa lutte, sans trêve ni merci, exigeait sans

cesse des représailles qui fomentaient la révolte qu'il encourageait.

Sans cet homme, en qui s'incarnait la folie
de la liberté prêchée à un troupeau d'imbé-
ciles ne voyant dans la pratique de cette doctrine humanitaire que leurs intérêts immé-
diats, l'Irlande serait paisible et soumise à la
couronne. La responsabilité des troubles in-
combait à sir William qui puisait, dans les
principes de la raison, cette pitié supérieure
que ce mondain superbe qualifiait de trahison.
Milord savait que le règne de ces hautes vé-
rités mettrait fin aux privilèges de sa caste :
et il s'imaginait qu'en envoyant à la mort
sir William il défendait ses droits contre
l'homme dont la doctrine les contestait.

— Me voilà, Régine, dit-il, en embrassant
sa femme au front.

Milady ne put retenir ses larmes.

— Sir Georges a disparu, et peut-être est-il
mort ?

— Chassez cette sombre idée, Régine, nous ne sommes plus au temps des Stuarts.

— Ces paddys nous haïssent, Charles.

— Bah! la populace est-elle à craindre?

— Nous ne sommes plus en sûreté ici ; mais n'avez-vous pas besoin de vous réconforter?

— Je ne prendrai rien avant de vous avoir entendue, et je n'embrasserai lady Alice qu'après notre entretien. C'est vous dire combien je suis impatient de connaître les faits indiqués seulement dans votre lettre.

Milord, qui se promenait à petits pas comme s'il avait été dans le boudoir de lady J..., s'assit auprès d'une jardinière qu'on venait de remplir de roses et de jasmins et dit :

— Je vous écoute, Régine.

Milord paraissait doué du mouvement perpétuel. Il laissait agir ses mains quand ses jambes étaient au repos. Il effeuilla donc les

10

fleurs ; et bientôt les pétales s'entassèrent sur le tapis et répandirent un parfum capiteux dans l'atmosphère chaude du salon.

Dans le récit verbeux de milady, mais plein de détails piquants que la narratrice ne pouvait omettre sans outrager la vérité, milord, à l'affût « du neuf », glana des saillies qui mirent en lumière le côté aussi léger que spirituel du caractère du noble comte. Milady constata que le portrait charmant de Jeanie, qu'elle avait tracé avec autant de bonheur que de vérité, intéressait milord, qui n'était pas éloigné d'approuver le goût de sir Georges... Tiens! la chasse aux Irlandaises! Ce n'était pas mal cela ! la distraction ne manquait pas d'originalité. Seulement, il l'admettait sans drame, et sans l'intervention de cet halluciné de Rinthler... Cependant si la curiosité de l'homme était vivement surexcitée, ce faible intérêt ne pouvait l'emporter sur l'esprit de caste.

— Cette Irlandaise doit être la descendante de cet autre rêveur, sir Robert.

— Cela m'importe moins que l'absence prolongée de sir Georges, dit milady avec angoisse. Kilke doit être là, si vous donniez l'ordre de le faire entrer.

John, appelé, apporta la nouvelle que le fermier et Jeanie étaient partis.

— Et Dick?

— Milady se souvient-elle que son garde est allé à Ennis chercher des provisions ?

— C'est juste.

John s'inclina et sortit.

— Que s'est-il donc passé encore? murmura milady.

— Régine, ma chère, faites violence à votre émotion; Rinthler n'est pas un fou sanguinaire... et si la fille est intacte... comme...

— Que signifie cette expression, milord ?

— Mon Dieu! chère femme, ne vous effarouchez pas: je tâcherai, à l'avenir, de corriger la crudité de certaines expressions, sans que la vérité en souffre; cependant, milady, convenez que je ne suis pour rien dans la scène réaliste que tous ces coquins ont jouée ici.

Au fond, le vieux diable riait de cette tragi-comique aventure, et regrettait de n'en pas être le héros; c'est égal, à ce trait-là, il reconnaissait son fils. Pour lui, ce n'était qu'une pasquinade; la mort de Nora, une chose de rien.

Ainsi pensait l'aimable lord, qui après un copieux déjeuner, se fit chausser de gros souliers, et, puisque Kilke ne venait pas, résolut d'aller le chercher à la paillotte. Il prit ses pistolets et refusa l'escorte composée de Henry et de Patrick que milady alarmée voulait lui donner.

XVII

Sir William marchait [à côté de Jeanie, Kilke les devançait de quelques pas. Devant eux s'étendait à l'infini une ligne onduleuse de montagnes, tantôt vertes comme une oasis, tantôt grises et chenues, et dont les sommets à pic donnaient à la lumière du jour un éclat particulier. L'air tiède favorisait le courant des odeurs balsamiques qui s'exhalaient des pins, des touffes d'aspic, des buissons de thym, de serpolet et de lavande. L'œil embrassait ces milliers d'êtres minuscules et vaporeux qui voletaient dans l'air parfumé, heureux de vivre et dont les faibles murmures répondaient à la mélodie sauvage, mais pleine de charme qui bruissait dans les pins, poussés à travers les fissures du rocher.

Cette note symphonique chantait dans le cœur de sir William et répandait sur les choses et sur les êtres une douceur enivrante. Le regard de Jeanie, son sourire avaient transfiguré ces champs mornes et tristes ; le rayon de ses yeux avait éclairé ces sombres rochers et l'apôtre des paddys se laissait bercer par cette mélodie inconnue et soudain entonnée, tout surpris qu'un doux visage de jeune fille, qu'un regard gracieux puisse s'emparer aussi brusquement d'un cœur d'homme. Sans secousse, sans effort, il était descendu des hauteurs où il planait pour obéir à la voix de la poésie qui l'appelait en bas.

Plusieurs fois la jeune fille avait tourné ses yeux anxieux vers sir William, qui semblait absorbé dans un profond travail d'intuition.

Elle se sentait moins de courage au cœur qu'au départ. Sa force fléchissait, et elle considérait son audace comme pouvant être funeste à son libérateur. Il y a des fatalités si brutalement injustes qu'elles peuvent ébranler la foi du plus fort, et Jeanie commençait à douter du succès de son entreprise.

— Sir William, dit-elle enfin, répétez-moi que vous ne courez aucun danger, j'ai le pressentiment d'un malheur, et je ne voudrais pas sauver la tête de Kilke aux dépens de la vôtre.

Ils étaient arrivés devant une ruine dont les pans noircis, écartelés, laissaient voir une colonne fruste, sur laquelle la lumière, en se jouant, mettait en relief des délicatesses exquises de sculptures ciselées à la surface.

— Est-ce l'esprit de cette ruine qui vous inspire ? dit sir William qui sortit de son rêve enchanté.

— Ne me raillez pas, sir William, répondit-elle doucement.

Il la contempla avec amour.

Les aiguilles des pins frissonnaient, les touffes d'aspic murmuraient avec mélancolie ; la voix de la jeune fille semblait un soupir au milieu de cette harmonie.

— Je ne crois pas, dit-il, être menacé d'un danger.

Ils atteignaient, après la montée rapide de plusieurs assises, le cirque supérieur de la montagne, où la secte des Molly-Maguire se réunissait. Cette masse énorme qui suspendait à ses flancs des sentiers vertigineux que les eaux avaient creusés dans le roc, surplombait, vers le nord, le fleuve qui courait impétueux vers l'Océan.

Sir William, sans mot dire, conduisit Kilke dans la « salle des conférences » éclairée par une étroite ouverture qui donnait sur l'abîme et retourna vers Jeanie.

La jeune fille regardait avec une émotion étrange cette architecture naturelle, grandiose, dont on n'apercevait pas, de la plaine, les beautés. Les rayons du couchant doraient les corniches ; les légers arceaux déchiquetés affectaient, dans cette douce lumière, des formes vaporeuses, ébauchées par une main inconnue. Les massifs de pins que ces roches portaient sur leur flanc, donnaient l'illusion de jardins suspendus, et l'air vif, à cette hauteur, en passant par les nombreuses crevasses, en se jouant dans les fissures, apportait à l'oreille de miss Emmet une gamme de notes qui entrenait sa rêverie.

Jeanie, sur le pic de l'escarpement encore vierge de pas anglais, dans la pénombre du soir, au sein de ce silence, de cette solitude agreste, sauvage, ressemblait au génie de l'Irlande, implorant ses dieux captifs. Sir William, qui la contemplait, ressentit au cœur tous les frissons de l'amour, en même temps que l'exaltation irrésistible d'une noble passion. La soirée éparpillait dans l'air tiède ces parfums eni-

vrants qui révèlent les chastes caresses de la
volupté, charme inouï pour ce cœur d'homme,
hymne sacrée pour l'âme de cet apôtre, pénétré du sens humain des êtres et des choses. Les
yeux de sir William étincelaient comme deux
diamants ; mais le jeune homme, arrivé auprès
de miss Emmet, voila l'expression ardente de
son regard, et lui dit doucement en lui montrant, sous la voûte, l'entrée d'une petite grotte
tapissée d'un manteau de lierre.

— Vous voyez devant vous le palais de
mon captif.

Puis il ajouta avec une légère nuance de
raillerie qui voilait son émotion :

— Le jeune tigre est là ! Voulez-vous toujours entrer dans sa cage ?

— La vérité que je cherche ne m'en fait-elle
pas un devoir ?

— Chère Jeanie ! murmura Rinthler, et il
ajouta, comme en se parlant à lui-même :
Noble enfant, voulez-vous me permettre de

vous demander ce que vous allez dire à sir Georges ? Oserez-vous, chère miss Emmet, aborder avec lui un sujet qui déjà vous remplit de confusion ? Espérez-vous obtenir de sa franchise le salut ou la condamnation du coquin qui vous a vendue ?

— Ah ! sir William !

— Il faut bien que j'exerce le côté généreux de votre courage peu habitué à ce genre de hardiesse.

— Je veux simplement adjurer sir Georges de dire la vérité... Je le dois et il le faut.

— Allons, venez, miss Emmet.

Elle se retourna vers sir William dont elle pri les mains, en disant :

— C'est à la vie et à la mort entre nous.

Son sourire était héroïque, et ses yeux divins exprimaient sa reconnaissance.

Le Molly-Maguire enivré fit un mouvement pour prendre un baiser sur ce front pur, mais l'amour même qui le pressait, le retint à temps.

XVIII

Trécy n'avait rien négligé pour revoir Jeanie, mais le sort avait été contraire aux désirs de l'enfant : sa mère, hélas ! sur l'avis de James Tipperay, l'avait louée à une marchande de charbon du port. Adieu liberté, escapades, maraudes, promenades sans but sous le soleil brûlant de midi ; plus de visites à l'île hérissée de roseaux d'où elle voyait rouler les écluses sur leurs gonds, quand les barques aux voiles frissonnantes voulaient les franchir ; plus d'heures oisives sous le portail gothique de la vieille église où les moineaux, durant les belles soirées, piaillaient. Et sa niche derrière le grand Saint-Pierre qu'elle aimait parce que cette innocente statue la protégeait, il fallait l'abandonner !

Impossible de fuir le joug ; l'œil fauve de sa mère la couvait ; c'était là cette femme qui l'obligeait à quitter les lieux qu'elle aimait, c'était à cette femme qui ne lui donnait ni pain, ni asile, ni vêtements, qu'il fallait obéir ! Trécy se révolta contre cette autorité qui ne s'exerçait que pour la faire souffrir.

Elle reçut une grêle de coups qui, en lui montrant sa faiblesse, l'apaisèrent momenta- nément. Elle supplia son bourreau de la laisser à sa besogne accoutumée qui consistait à faire des commissions, à porter des paquets ; mais, comme le gain qui résultait de ce travail ne pouvait suffire à la mère, Trécy, malgré ses prières, malgré ses cris, fut conduite à la charbonnerie.

Elle entra le cœur bien gros dans ce bouge

où travaillaient d'autres enfants de son âge,
noirs comme de petits diables et qui la regardèrent de cet œil fixe, sans chaleur, qu'on
remarque chez la plupart des déshérités.

A part sa reconnaissance exquise pour
Jeanie, reconnaissance qui pouvait influer sur
la conduite future de la petite misérable, Trécy
n'était pas précisément bienveillante pour ses
pareils, et, une heure après son arrivée, elle
lançait à la tête de ses camarades de gros
morceaux de charbon, dans le but évident de
se faire chasser ; mais le patron qui la sur-
veillait lui appliqua une paire de soufflets sur
chaque joue, et Trécy reconnut qu'elle ne
gagnait rien à être méchante. Elle porta le
panier et la claie dans le rayon de lumière qui
s'introduisait dans le bouge, par une étroite
ouverture, — l'obscurité lui étant odieuse, —
et travailla sans lever les yeux, dédaignant
de répondre aux timides provocations que ses
camarades, qu'elle s'était rendus hostiles, lui

lançaient à mi-voix. La mobilité de son esprit autant que sa superbe indifférence lui permettaient d'oublier vite, parce que le changement formait le fond essentiel de sa nature vagabonde autant qu'indépendante.

Naturellement le souvenir de Jeanie se présenta à la mémoire de l'enfant qui avait appris, sans l'épeler, la langue de la reconnaissance ; Jeanie était pour Trécy l'ange des rêves d'une ballade écossaise qu'elle écoutait avec ravissement quand une voix claire, vibrante, la chantait sur le bord du Shannon.

Comme elle était intelligente, si son caractère laissait à désirer, la marchande l'employa quelquefois à des travaux plus délicats que ceux que Trécy ne faisait qu'avec répugnance. Quand l'enfant se voyait noire comme la fumée qui s'échappait de la cheminée de l'usine, elle pleurait de rage et cachait ses mains avec dégoût. La violence de son chagrin ramenait sa pensée vers James, et ses yeux flambaient.

Un jour, en revenant de puiser de l'eau à la fontaine, elle aperçut le capitaine qui longeait le mur du quai ; elle se blottit derrière un tas de moellons et en jeta un gros sur son ennemi. James, atteint à la jambe, se retourna en proférant un juron formidable, mais il ne vit rien, et il s'éloigna en boitant. Trécy, vengée, rentra toute joyeuse.

La surveillance exercée à son égard s'était relâchée. Comme la petite révoltée était laborieuse et complaisante à ses heures, la marchande avait fini par l'initier à la confection de la cuisine. Elle commit même l'imprudence de l'envoyer au marché, un samedi, acheter quelques provisions.

Trécy accepta avec joie cette promenade qui allait lui permettre de revoir la place du vieux marché, sa niche et le portail de la vieille église. Elle remplaça ses loques charbonneuses par un petit jupon de cotonnade bleue à raies roses qu'une dame bienfaisante lui avait donné, et très fière de sa personne, elle monta la grand'rue, le panier au bras.

Avant d'acheter la viande et les légumes, elle traversa la place et se garda bien de passer devant la taverne que sa mère et James fréquentaient. Elle vit le bon Rémoi adossé à la galerie de bois ; elle alla lui parler et lui demanda à voix basse des nouvelles de sir William. L'aveugle répondit que Rinthler se portait bien. Elle s'éloigna d'un pas rapide.

A quelques mètres de la boutique d'un rôtisseur, elle aperçut Dick qui entassait nombre de petits paquets dans un sac en cuir qu'il portait en bandoulière. Il en tomba un que Trécy s'empressa de ramasser.

— Je peux vous aider, si vous le désirez, à emporter tout cela au château.

Cette étrange proposition fit lever la tête à Dick, qui toisa Trécy.

— Veux-tu bien te sauver. C'est toi qui as

volé mes fruits, l'année dernière. Oh ! je te reconnais !...

L'insolence de Dick outra Trécy, qui riposta sur le même ton :

— Tes fruits ! Est-ce que tu as des champs, Tu veux dire les fruits de ton maître !

Puis, avec une humilité qui prenait sa source dans le souvenir de Jeanie :

— Je ne vous ai rien fait à vous ; mes offres sont obligeantes ; acceptez-les, Dick.

— Allons, allons, loin d'ici, dit le garde en menaçant la fillette de son bâton.

La brutalité de Dick, son mépris inconscient pour ses pareils, sont un trait de mœurs pris sur le vif, et l'on voit que, s'il possédait quelque notion de ses droits politiques, la conscience morale qui, seule, peut en permettre l'exercice, était plongée dans une obscurité profonde.

— Tu n'es qu'un paddy, dit Trécy effrontément, et tu prends avec moi des airs de milord. Fi ! ah ! fi !

Cette justesse d'à-propos, mit le bon Dick hors de lui.

— Attends, je vais dire deux mots au policeman que j'aperçois là-bas.

Le désir de faire enrager Werner raviva celui de revoir Jeanie, et l'enfant comme un gentil animal ne consultait que ses caprices. Elle se soucia fort peu de la mission de confiance dont elle était investie ; elle en ignorait du reste la responsabilité ; elle confia à son bon ami, Rémoi, le mineur, son panier et son argent, pria l'aveugle de porter le tout à la marchande du port dont le magasin se trouvait au bas de la grand'rue, et suivit Dick, heureuse d'être délivrée de son esclavage.

Comme le diablotin de la légende, Trécy s'acharna après le garde. Elle cueillait les baies des halliers et les lançait par poignées à la tête de Dick, qui passait sans transition de l'injure aux coups toujours frappés dans le vide, et quand Dick, lassé des courses supplémentaires que la gaminerie de Trécy l'obligeait à faire, reprenait le pas calme du piéton, la fillette se montrait soudain sur une éminence ou sur la pointe d'un roc et riait à belles dents. Dick écumait de rage.

En voyant voltiger autour de lui sans qu'il pût l'en empêcher l'horrible petite mendiante, il se crut assailli par le mauvais esprit qui, selon la superstition, hantait la vieille tour d'Herbury. Arrivé devant le rempart de la ruine en question, Dick s'aperçut qu'il avait perdu son chapeau et que ses habits étaient endommagés. Pour comble de malheur, il vit milord déboucher d'un sentier, qui s'arrêta stupéfait devant son garde.

— Est-ce que tu chasses le renard la nuit?

— Le renard? bégaya Werner.

— D'où viens-tu?

— D'où je viens

Il répétait avec inconscience les questions de Sa Seigneurie.

— Qui t'a mis dans cet état ?

Le garde resta muet.

— Mais il est fou, dit Milord. As-tu vu Kilke dans ta promenade matinale ?

— Kilke... Kilke... non... non...

Sa Seigneurie lui tourna le dos.

— Damné Kilke, murmura Werner, rappelé à sa sombre vision et qui crut voir un abîme ouvert devant lui.

Trécy, comme un esprit lutin, avait disparu elle s'était cachée dans la bruyère qui bordait le fossé du rempart.

XIX

Les pieds de Milord, habitués aux moelleux tapis d'Orient, foulaient un sol argileux et inégal où les jantes des charrettes avaient laissé leurs profondes empreintes. A chaque instant il trébuchait; mais ces difficultés qui l'irritaient ne l'empêchèrent pas de poursuivre sa route à travers champs. Il tenait à surprendre son fermier qu'il croyait chez lui.

La paillotte de Kilke était construite dans le repli d'un vallon solitaire, favorable aux excursions nocturnes du fermier qui ne dormait que quelques heures, de l'aube au lever du soleil. Sa femme, à laquelle il ne disait rien, était traversée de sombres pensées, surtout depuis sa visite à la bonne Katy. Il planait un danger sur la tête de son mari, du père de ses enfants, danger plein de mystère dont elle n'osait parler; la crainte arrêtait l'élan. Femme simple et laborieuse, elle eût désiré que Kilke abandonnât ses prétentions qu'elle trouvait déplacées pour vivre de la vie terre à terre de ses ancêtres. Elle aussi était superstitieuse, et elle affirmait avoir entendu des plaintes dans le vent, des gémissements qui venaient de la ruine, des frôlements dans l'herbe, et vu des formes blanches qui s'élevaient sur la surface des eaux. Ces apparitions peu fréquentes se renouvelaient chaque soir depuis quelques jours. Les prières qu'elle disait ne les éloignaient pas. Au contraire, elles s'approchaient de la paillotte avec des froissements d'ailes, des soupirs et des bruits de ferraille. Marie collait ses mains sur ses oreilles pour ne pas entendre ce bruit subtil qu'elle croyait surnaturel.

Il n'y avait que les vagissements de son dernier né qui pussent la tirer de cet assoupissement étrange qui jetait l'effroi dans son cœur...

Milord quitta le sentier en vue de la paillotte et traversa la lande de bruyère au bout de laquelle se trouvait une futaie importante que Sa Seigneurie croyait voir pour la première fois, tant il est vrai que les grands propriétaires connaissent rarement toutes leurs richesses et qu'il y a dans l'étendue de leur domaine des coins qu'ils ignorent.

— Les beaux arbres, murmura Sa Seigneurie, qui s'engageait sous la sombre voûte que formaient les cimes en se rejoignant entre elles, cette futaie est certainement la plus belle de mon comté. Est-il heureux ce coquin de jouir de ces ombrages, ajouta le noble comte qui pensait à son fermier.

Une petite hutte couverte de sapins, dissi-
mulée par deux haies vives, attira son attention. Sa Seigneurie prenait un plaisir extrême
à faire l'école buissonnière. Son esprit, peu
fait pour le drame, ne pouvait supporter une
longue compression. Puis il était heureux de
marcher sur ses terres, dont son regard ne
pouvait embrasser la limite. Cette herbe qu'il
foulait, ces roches hautaines, tout cela était
à lui? même les paddys! Comment la possession de tant de choses n'eût-elle pas donné
une importance de premier ordre à son orgueil de privilégié, si milord n'avait été déjà
convaincu de sa haute puissance?

Est-il possible à un descendant de la caste
anglaise de croire que son origine (à moins
qu'il ne soit une exception, et encore!)
soit commune à celle des humbles paddys?
Cuvier admettait, dans l'ordre naturel, une
supériorité de race; l'aristocratie anglaise
l'admet dans l'ordre social qui est le sien. La

fraternité, l'égalité, la solidarité n'existent pas et sont des non-sens pour ces hauts et puissants seigneurs.

Milord, qui aspirait avec assez de plaisir l'air pur — « qui était aussi à lui »... pourquoi pas? les courants atmosphériques devenaient siens en passant sur ses terres, — pensa que cette hutte pouvait recéler des choses importantes, sans cela, on ne l'eût pas masquée par les aubépins.

Par l'ouverture très basse, il n'aperçut d'abord que des outils de jardinage, puis ses yeux s'habituant à l'obscurité, il vit une petite boîte en fer, qui affectait la forme d'une lanterne, au sommet de laquelle se trouvait, en saillie, les ailes déployées, l'oiseau de Minerve.

Où diable Kilke avait-il pris ce mystérieux objet? Appartenait-il à la secte dont il devait être le fervent adepte? En passant le bout de sa canne dans l'anneau qui coiffait le fronton, il remarqua que ceux des côtés de la boîte étaient coloriés : l'un en rouge, l'autre en bleu. Plus de doute, c'était un signal qu'on hissait sur un lieu élevé, et dont Kilke se servait pour s'entendre, avec la secte, au moyen d'un langage convenu. Le hasard qui avait conduit Sa Seigneurie dans ce bois semblait providentiel. Milord, qui portait sa trouvaille suspendue au bout de sa canne, frappa vigoureusement à la porte de la paillotte.

Marie, effrayée, posa l'enfant sur la paillasse et courut ouvrir.

C'est à peine si Sa Seigneurie reconnut, dans dans la femme pâle, maigre, aux yeux caves, la jolie fille fraîche, grasse, à l'œil brillant, qu'il avait connue il y avait quelque dix ans.

L'aîné de ses enfants, un beau gars de dix-sept ans, surgit d'un coin et salua Milord jusqu'à terre.

— Où est mon fermier?

— Je ne saurais le dire à Sa Seigneurie ; il est sorti ce matin pendant que je dormais.

Le mensonge était évident, mais Sa Seigneurie ne le releva pas.

— Jeanet, va me chercher ton père, tu dois savoir où il est.

— Je l'ignore, mais je le chercherai.

— Peux-tu me dire, Jeanet, le nom de l'inventeur de cet objet?

— C'est moi, milord, répondit sans hésiter le fils du fermier.

« Oh! oh! pensa Sa Seigneurie, le mal a gagné le foyer. »

— C'est toi, drôle? au lieu de soigner mes terres, tu t'occupes à fabriquer de semblables inutilités; si tu recommences je te chasserai.

Milord donna un grand coup de pied à la boîte, qui alla rouler dans l'abreuvoir.

Marie, effrayée, songeait aux visions. Le mal devait venir du château, puisque les esprits lui apparaissaient de ce côté.

— Va me chercher cet objet, j'ai oublié de l'examiner avec toute l'attention qu'il mérite.

L'atavisme ne produisit pas sur Jeanet le même effet que sur Dick qui grommelait, mais obéissait.

Le jeune homme ne bougea pas. Il se contenta de regarder d'un œil sombre la boîte qui flottait sur la surface verdâtre de l'abreuvoir.

— Eh bien ! drôle, as-tu entendu ?

Un grand lévrier gris appuya ses pattes sur le dos de Sa Seigneurie, qui se retourna. John arrivait en courant. Le domestique essoufflé remit à milord un billet de milady. Sa Seigneurie, après l'avoir lu, s'éloigna sans mot dire, suivie de son laquais.

— Oh ! mon fils, dit Marie, qui pleurait, qu'as-tu fait ?

— Je ne suis pas le chien de Sa Seigneurie, répondit Jeanet ; qui donc a pu livrer à milord le secret que la hutte recélait ?

Marie regardait son dernier né, elle ne répondit pas à l'objection.

D'un bond le jeune homme courut à l'abreuvoir, en retira la boîte qu'il reporta dans la hutte, puis il revint vers sa mère qu'il essaya de consoler.

— Toi aussi, dit Marie, tu te révoltes contre ta destinée? A quoi bon, mon fils? Tes ancêtres, plus sages que toi, ont vécu heureux et considérés ici.

— Heureux et considérés, j'en doute, dit Jeanet d'une voix vibrante ; vous voulez dire, ma mère, soumis et craintifs, ce qui n'est pas la même chose. S'ils avaient lutté comme nous sommes prêts à le faire, nous aurions encore une patrie que nous n'avons plus. Nous ne serions pas des parias condamnés à vivre du bon plaisir de nos ennemis. Sachez donc, ma mère, que la soumission que vous me conseillez est une lâcheté de conscience que je réprouve.

— Oui, sir William parle ainsi ; mais, Jeanet, es-tu sûr qu'il dise vrai? Ce droit de justice, comme l'enseigne sir William, n'existe pas pour nous; je le vois bien et je le sens encore mieux. La bienveillance du maître est notre seule ressource, et nous ne l'avons plus, Jeanet.

Elle prit son enfant qui pleurait, et lui donna son sein tari.

— Sa Seigneurie n'a ni bienveillance ni pitié. Milord n'a jamais voulu consentir à aucun bail, parce qu'il veut se réserver le droit de nous chasser quand cela lui plaira.

— Eh bien! Jeanet, cet instant est arrivé, quels seront nos moyens d'existence? As-tu une compensation à offrir à tes jeunes frères.

— La compensation est l'exil, murmura le jeune adepte qui ignorait l'infâme trahison de son père qui venait d'arriver au château d'Herbury, tout meurtri, la figure déchirée, les vêtements en lambeaux, trempé jusqu'aux os, car il avait dû traverser le fleuve à la nage pour échapper au châtiment juste et mérité que sir William lui réservait.

Il était arrivé avec des efforts inouïs à passer à travers l'étroite ouverture aux parois de laquelle il avait laissé de son sang et de sa chair ; puis, de l'escarpement, il s'était jeté dans le Shannon.

Sa présence inopinée à Herbury avait motivé le billet de milady à milord, et quand celui-ci arriva au château, Kilke, que la fatigue et la douleur avaient vaincu, était évanoui ; mais il avait pu, avant sa syncope, faire son rapport détaillé à milady qui le transmit à Sa Seigneurie.

XX

Quand Jeanie entra chez sir Georges, le jeune lord achevait de prendre son repas qu'un homme dont il ne voyait pas le visage lui apportait chaque matin. Sur l'ordre de sir William, l'on ne servait à l'héritier du fief d'Herbury, au descendant d'une grande maison, que l'ordinaire des paddys, plat révoltant dont la signification n'échappait pas au jeune lord.

Sir William espérait que cet exemple pratique qui, mettait sir Georges à même de réfléchir sur l'égoïsme monstrueux de sa caste, pouvait faire fondre, sous le rayon brûlant de la pitié, la muraille de glace que les préjugés de plusieurs siècles avaient accumulée entre le cœur du peuple et le sien.

Qui sait si l'erreur n'enlaçait pas l'esprit du jeune homme de ses liens obscurs ?

Sir William se trompait, sir Georges n'était pas accessible « à ces sortes de choses-là ». Les paddys avaient été créés et mis au monde pour servir de bien-être à la caste des privilégiés ; le jeune lord ne pouvait donc descendre dans la profondeur de l'antre social, lui qui en occupait les sommets, sans rompre en visière « à sa dignité », et c'est ce qu'il ne voulait pas.

Le soleil du couchant éclairait la fenêtre de la prison de sir Georges, fenêtre dont l'accès était prudemment défendu par deux fortes barres de fer, précaution inutile, car l'appui était très haut et le granit très lisse, très dur.

La tête sublime de Jeanie était dans la lumière, et jamais beauté n'égala la sienne en cet instant. Cependant, à sa vue, sir Georges devint pourpre, et son œil brilla de rage et de haine ; toute la violence de son tempérament reparut ; ce n'était plus le prisonnier hautain, méprisant, c'était le châtelain outré de l'audace d'une servante.

— Vous venez me braver, dit-il d'une voix que la colère rendait sourde, je vous défends de m'approcher, sortez !

Cet ordre impérieux n'intimida pas Jeanie qui s'attendait à cette explosion de rage ; elle continua donc d'avancer.

— Oubliez-vous les distances qui nous séparent ?

— Je suis votre égale, sir Georges, dit Jeanie avec force ; vous voyez devant vous la petite fille de sir Robert Emmet, trahi et livré par les vôtres, et, ne serais-je qu'une de ces braves filles dont j'ai tenu l'emploi, vous devriez m'entendre.

Sir Georges, agité par la fièvre de l'insomnie et des veilles, fixa ses réflexions sur une seule pensée qui domina un instant tout son esprit ; l'étrange aveu qu'il venait d'entendre le mit hors de lui.

— Raison de plus pour vous haïr ; raison de plus pour vous demander compte de la violence que cet extravagant de Rinthler m'a faite pour l'amour de vous. Ah ! vous appartenez à la sombre famille de sir Robert Emmet, et vous venez me le déclarer, à moi qui suis votre captif. Vous vous croyez donc à l'abri de l'impunité ? L'intrépidité de votre audace ne vous sauvera pas ; vous avez eu tort de réveiller des haines qui sommeillaient depuis un demi-siècle.

— Sir Georges, dit Jeanie, votre position vous conseille la méfiance, hélas !... Je ne suis pour rien dans la violence qu'on vous a faite, mais vous êtes pour quelque chose dans le piège que Nora m'a tendu ; sir William

heureusement a pu arriver à temps pour conjurer le péril qui me menaçait.

— En vérité, cette fille est admirable, dit le
jeune lord qui subissait un [brusque retour
d'humeur, elle prend au sérieux le rôle que ce
fou de William lui fait jouer.

Le cœur de Jeanie battait avec violence ;
elle regardait, pâle, sans voix, ce seigneur,
dont le mépris impertinent bouleversait son
projet et rendait vaine sa généreuse tentative.

— Sir Georges, réfléchissez un instant, je
vous prie... Je ne suis pas là pour jouer la
comédie...; vous me prêtez de ténébreux desseins que je n'ai pas, et les puissantes ran-
cunes dont vous parlez ne sont jamais entrées
dans mon cœur. J'ignore ces petitesses, je
l'avoue, et soyez assuré qu'il a fallu un motif
grave pour affronter l'accueil que vous avez
cru devoir me faire, sir Georges...

— Si c'est la liberté que vous venez m'offrir, je la refuse, interrompit sir Georges avec

violence, votre exorde est inutile, vos paroles sont oiseuses, laissez-moi.

Cette brutalité brisa Jeanie.

— Je vous prie, sir Georges, de vouloir bien m'entendre, je serai brève, je sollicite votre bienveillance, je...

— Je ne puis vous entendre, dit-il durement. Qui me prouve que vous soyez miss Emmet? une fille de qualité n'a pas votre audace, et se garde de la société compromettante d'un Molly-Maguire.

L'insulte amena des larmes dans les yeux de Jeanie ; l'horreur l'environnait ; les cris, les plaintes, les gémissements de plusieurs générations, dont William s'était constitué le vengeur, bourdonnaient dans sa tête en feu.

— Sir Georges, s'écria-t-elle avec douleur, l'égalité de tous dans la mort vous apprend l'égalité de l'origine ; c'est une loi que vous ne pouvez méconnaître... Je n'ajoute plus rien... Je me retire désespérée... Que votre volonté s'accomplisse... Sir William, cria Jeanie...

Mais sir Georges brusquemement lui mit la main sur la bouche.

— Noble ou aventurière, dit-il, tu es belle. Pourquoi refuses-tu de m'aimer ?

Et il l'attira à lui.

Elle le repoussa avec indignation.

— Mon dévouement, ma folie, si vous voulez, méritaient plus d'égards.

— Jeanie, parle, je t'écoute.

— Je n'ai plus rien à dire... à moins que vous ne changiez de ton et d'attitude.

— Est-ce que la question irlandaise vous passionne ? Mais vous n'êtes pas de ce monde, ajouta-t-il avec hauteur?

— Ce monde, dit courageusement Jeanie, est dévoué et loyal,

— Ce monde, répliqua sir Georges, n'est bon qu'à bâtonner et à pendre ; il pille les châteaux quand il n'incendie pas les fermes :

loyal et juste, ce monde! Ah! ah! comprene z-
vous, dans la défense, « notre » fermier? pourquoi pas ? « sa loyauté » « son dévoûment »
feront bien dans le tableau des saints et mar-
tyrs irlandais. Vous avez certainement confiance en lui.

Des sueurs froides baignaient les tempes de
Jeanie.

— Eh bien ? sir Georges.

— Eh bien ! « la loyauté » de notre coquin
de Kilke s'échange volontiers contre des guinées ; il est au plus offrant et au dernier
enchérisseur ; si l'on vous a tendu un piège,
ne vous en prenez qu'à lui.

Jeanie poussa un cri.

— Ce misérable est là.

— C'est un coquin honnête, dit ironiquement sir Georges, que voulez-vous de lui ?

— Ce que je veux ? un châtiment.

Elle appela sir William. Le Molly-Maguire
ne répondit pas.

Le bruit d'une marche cadencée ébranlait les échos du souterrain, pendant que les lueurs de plusieurs torches couraient sur la paroi humide des voûtes ; elle crut que c'était sir William et elle alla à sa rencontre, mais c'était milord et sa suite.

— C'est elle, la voilà, dit Patrick.

Milord la regarda froidement.

— Elle est très belle, murmura-t-il, mon fils ne manque pas de goût.

Et il entra dans le cachot de sir Georges ; les domestiques poussèrent Jeanie derrière lui.

XXI

Dans ce moment critique, sir William l'avait-il donc abandonnée ? Le soupçon ne vint pas ternir la pensée de la noble enfant, qui se crut, avec raison, victime d'un concours de circonstances que sir William n'avait pu prévoir.

La vue du comte, de ce petit homme, hautain, l'avait glacée. Il devait être sans pitié et fermé à toute bienveillance. Sir William avait confié Jeanie à la garde du paddy, qui était chargé d'apporter à manger à sir Georges, et il avait pénétré dans la salle des conférences secrètes. Il l'avait trouvée vide ; Kilke s'était évadé par l'étroite ouverture qui gardait les empreintes de son passage.

Sans perdre une minute, le Molly-Maguire, qui n'avait pas besoin du peloton d'Ariane pour explorer les galeries, avait traversé une suite de couloirs obscurs et était arrivé sur l'escarpement qui bordait l'abîme, par une issue, connue de lui seul. C'est pendant qu'il fouillait toutes les cavités de l'étrange plate-forme que milord etait entré dans le souterrain.

Les domestiques s'étaient débarrassés du paddy, en le glissant dans une anfractuosité tapissée de vieilles mousses, après l'avoir bâillonné.

Sa Seigneurie embrassa sir Georges et ne parut pas entendre Jeanie qui opposait une vive résistance à la brutalité de Patrick, qui avait mission de la garrotter.

Pour milord Herbury, cette fille était une

conspiratrice dangereuse qui avait bravé l'autorité des lois anglaises qui régnaient sur toute l'Irlande. Elle devait donc subir une peine exemplaire, châtiment qui materait les séides de la révolte. Mais, avant de la faire conduire dans la prison de la ville, il voulait l'interroger.

Les rires de la valetaille flagellaient la pauvre enfant.

— Sir Georges, empêchez ces misérables de m'insulter.

Mais le jeune lord, qui subissait l'ascendant paternel, n'osa intercéder pour elle.

Patrick, enhardi par ce silence, dit à ses camarades :

— Elle parle à sir Georges, comme si elle était son égale. Allons, la fille, tais-toi.

Jeanie regarda avec angoisse autour d'elle et son cœur se brisa dans un sanglot.

Sir Georges avait fait soudain un pas vers Jeanie et s'était arrêté ; mais il regarda le lâche

Patrick d'une telle façon que celui-ci se hâta de se taire et baissa les yeux.

Honteuse de sa faiblesse, se souvenant tout à coup qu'elle devait se montrer digne de sir William, elle se tint calme et silencieuse. Tous les nobles sentiments de cette créature d'élite étaient à la torture. Elle se demanda, dans le délire de son angoisse, comment une bonne intention pouvait être ainsi dénaturée, et si, en obéissant aux bons mouvements de sa conscience, elle n'avait pas enfreint les lois du bon sens.

Elle poussa un cri doux et prolongé, le cri d'une hirondelle qui aperçoit au-dessus du nid un reptile.

Sur un signe de milord, Patrick l'avait saisie et lui avait appliqué un bâillon.

Elle fut emportée vers la voiture qui stationnait à cinq cents mètres du sentier.

Sir Georges n'était pas intervenu pour la défendre, mais le jeune lord était sombre et jetait de temps en temps à Patrick des regards pleins de colère.

La vue du corps de Jeanie qui s'agitait sous les liens l'impressionnait, et sous le prétexte qu'il avait été depuis longtemps privé d'exercice, il descendit de voiture et marcha devant les serviteurs.

Jeanie sentait du feu où ses liens portaient; il semblait qu'elle brûlât; son gosier enflammé par la fièvre était desséché, et elle souffrait atrocement de la soif.

Les chevaux qui l'emportaient avaient une vitesse de plusieurs lieues à l'heure et paraissaient familiers avec les obstacles du chemin. Autant qu'elle en pût juger, l'on marchait vers Herbury. Elle eut une pensée pour sa grand'mère; elle se souvint de ses jeunes années avec une mélancolie religieuse. Elle parvint enfin à démêler la confusion de ses idées, et quand la voiture s'arrêta, elle était résignée à son sort.

Les mêmes mains qui l'avaient saisie s'emparèrent de nouveau d'elle ; elle ne leva pas les yeux, ne fit aucun mouvement. Elle était dans la cour du château d'Herbury, elle venait de reconnaître la voix de Georgina.

En montant le perron de ce funeste château, elle ne put se défendre contre d'horribles et vagues pressentiments. Elle portait le poids d'un malheur nouveau inconnu, et si elle croyait à la justice, elle doutait de sa puissance sur les maîtres d'Herbury. Les murmures des arbres emplissaient les longs corridors et le vent ébranlait les vitraux gothiques. Elle montait, montait ; il y avait toujours des escaliers, puis soudain, l'ombre s'accrut, l'air se raréfia, elle était sur la plate-forme de la vieille tour qu'on disait hantée dans le comté.

XXII

Trécy, suffisamment vengée du dédain méprisant de Dick, se tint tranquille, et suivit curieusement le garde, dont elle n'avait pas compris l'attitude devant la seigneurie d'Herbury *un milord haut comme ça*, elle qui se figurait le puissant comte grand, imposant, comme ces chevaliers allongés sur leurs tombeaux et qui reposaient, vêtus de leur armure, dans la crypte de l'église d'Ennis ; quelle déception ! Ah ça, il y avait donc des milords qui ressemblaient aux paddys, puisque celui d'Herbury avait la taille de Rémoi et la figure méchante de son fermier? Cela renversait naturellement l'idée qu'elle s'était faite de ce monde superbe. Ces réflexions arrivaient en foule à son esprit qui avait la hardiesse et la malice de celui du singe.

— Est-il stupide, ce vieux-là, murmura la fillette, qui regrettait de n'avoir pas entendu, du fond du fossé où elle s'était tapie, le colloque de milord avec son garde.

Mais il avait dû être terrible, puisque Dick marchait la tête basse comme un chien qui a reçu un coup, ne regardant même pas où il posait les pieds. Trécy rampait derrière lui comme une couleuvre; ses cheveux dénoués par sa course folle l'aveuglaient, et le joli jupon de cotonnade bleu, à raies roses, avait reçu déjà plus d'un accroc. Mais il s'agissait bien de ce détail! Elle n'avait pas quitté sa place pour pleurer sur son jupon.

Les rayons du couchant ornaient la lande de bruyère qu'ils empourpraient et, cependant,

13

Dick ne semblait nullement pressé de rentrer. L'enfant s'était mise dans la tête de franchir la porte en même temps que le garde, de le fléchir par une prière, et de lui avouer qu'elle venait voir Jeanie. De l'injurier, de le battre s'il refusait de la laisser entrer.

Trécy, comme le bon Dick le croyait, était possédée du diable et semblait éprouver les rigoureuses atteintes de *l'esprit mauvais* qui dérange le but visé et qui donne une fin triste aux belles espérances. L'imagination du garde était sans doute frappée, puisqu'il passa devant une des belles entrées du château sans s'y arrêter. Mais Trécy, qui n'avait pas les mêmes raisons, se haussa sur la pointe de ses pieds nus, et son œil pénétrant plongea jusqu'au fond de la cour d'honneur. Elle s'effaça vivement ; John, le premier domestique, sortait au pas de course suivi du lévrier de milady.

Dick avait tourné la façade du château,

dont l'angle, flanqué d'une jolie tour, bordait la ruine. Subitement l'ombre s'accentuait, tant était ténébreuse la profondeur du fossé qu'on pouvait inonder pour défendre Herbury, en cas d'attaque.

Le paysage cessait d'être agréable : un massif de pins, planté là, voilait la lumière et semblait prendre à tâche de justifier la légende que ses murmures plaintifs accréditaient.

L'esprit malin évoluait dans ce milieu solitaire avec une liberté que les paddys n'osaient troubler la nuit. Trécy n'ignorait pas les étranges croyances qui rendaient terrible l'approche de cette ruine qu'on disait frappée de malédiction ; c'était comme un lieu funeste, abandonné de tous. Les terrasses massives avec leurs escaliers dégradés, les rampes extérieures rouillées, semblaient tordues par le feu du ciel.

Les fenêtres étaient usées par la pluie, et la nature, toujours prête à s'emparer des lieux

que les hommes abandonnent, avait arrêté au
pied de ces murailles sa sève envahissante.
L'on n'y voyait pas les mousses aux mille
nuances qui, dans leur sein moelleux, abritent
des peuples minuscules d'insectes, ni les brindilles agrestes du [chèvrefeuille que recherche
amoureusement le papillon ; non, rien de ces
poétiques ornements ; sa physionomie re-
vêche, farouche, donnait le pressentiment de
l'inconnu, et Trécy, qui ne craignait rien, s'a-
visa d'avoir peur, et regarda, hésitante, Dick
dont la silhouette se découpait nettement sur
le fond sombre de la ruine.

— Il faut pourtant, murmura-t-elle, que je
le rejoigne ; il peut entrer sans moi ; du reste,
la nuit n'est pas encore venue et le diable ne
danse que dans les ténèbres.

Elle s'élança, rapide et légère, sur les pas
de Dick, qui s'était agenouillé, en vrai
paddy superstitieux. Trécy se pencha vers
lui :

— Pourquoi, bon Dick, viens-tu prier dans ce vilain lieu ?

— C'est lui, s'écria Dick tremblant; il n'en faut plus douter, c'est l'esprit de la ruine que je ne puis chasser.

Le rire aigu, prolongé, de Trécy rendit le pauvre Dick rêveur.

— Ah ! petite misérable, dit-il d'un air confus, tu as de la chance que mes dispositions aient changé, sans cela ta méchanceté te coûterait bon. Voyons, que veux-tu de moi, parle? On ne fait pas tant de milles pour faire enrager un pauvre homme.

— C'est vrai, répondit Trécy, frappée de la tristesse du garde, mais je ne suis pas aussi méchante que vous le croyez, Dick; puis-je vous être utile?

Le garde se gratta le front.

— D'abord, puis-je avoir confiance en toi?

— Oh ! oui, s'écria Trécy, demandez cela à miss Emmet.

Et les yeux de l'enfant rayonnèrent.

— Miss Emmet, Dick, est une personne comme il n'y en a pas; la madone d'Ennis est moins belle et moins bonne que miss Jeanie.

— Petite hérétique, parler ainsi dans cette ruine, dit le religieux Dick, qui se signa.

En ce moment, la porte du vieux rempart s'ouvrit et deux hommes, deux laquais du château, parurent, portant un brancard sur lequel Kilke était étendu.

L'œil de Trécy brilla comme celui d'un fauve.

— Il a son compte, dit Trécy à Dick; il ne fera plus de mal à miss Emmet.

— Comment sais-tu des choses pareilles, toi? es-tu réellement Trécy.

— Je connais plus de choses que vous.

— Est-il mort? demanda à Beastead le garde qui flairait un danger inconnu.

— Je ne le crois pas, mais il n'en vaut guère

mieux. Le médecin du château l'a jugé perdu.
Il n'a pu reprendre connaissance.

Il ajouta.

— Cela vaut mieux pour lui. Il est soupçonné d'avoir voulu jouer Sa Seigneurie et le
Molly-Maguire ; il n'avait pas la taille qu'il
faut pour cela...

Dick ouvrait des yeux demesurés et était
presque aussi pâle que le moribond.

Beastead ajouta plus bas :

— Il s'est évadé de la grotte des souterrains
et est venu prévenir milord que Jeanie et sir
William étaient là-bas, en compagnie de sir
Georges. Cette fille est une rude gueuse ; elle
a joué ici le jeu de ce terrible conspirateur.
Sa Seigneurie, avec cinq de nos camarades,
armés tous jusqu'aux dents, sont partis pour
délivrer sir Georges, et ils espèrent prendre
le Molly-Maguire et Jeanie. Mais, rentrez vite,
milady vous attend avec impatience.

Rentrer au château après ce qu'il venait

d'apprendre! Ah non! Jamais! Il se souvenait des traitements que des paddys soupçonnés avaient subis. Non, non, il allait quitter le comté.

— J'aime sir William, dit Trécy, et je donnerais ma vie pour miss Emmet, que faut-il faire?

Dick ahuri la regarda.

L'accent était profond, la proposition généreuse. Après cela, cette enfant, chez laquelle le mal et le bien semblaient se balancer, pouvait incliner vers le bien.

— Tiens, dit-il tout à coup, porte ce sac à ma femme Georgina, et reste en sentinelle devant la grille, mais ne te montre pas surtout, cache-toi à tous les yeux, nous verrons bien si tu vaux quelque chose. Voilà ton souper.

Il lui jeta une galette de sarrasin.

— Faut-il vous attendre?

— Non; je viendrai te demander dans une heure qui tu auras vu entrer au château.

— Bien, dit l'enfant, j'obéis.

Dick ne voulait pas, lui aussi, que sir William tombât entre les mains du maître d'Herbury; il se dirigea vers la lande, où Jeanet gardait ses ânes et ses bœufs.

Le jeune homme ignorait que son père fût à l'agonie; Dick trouva bon de ne pas le lui apprendre.

— Jeanet, la vie de sir William est menacée; donne l'alarme aux paillottes, et courons aux souterrains.

Jeanet, aussi discipliné que convaincu, se hâta d'obéir à l'ordre du garde qui ramena les bêtes à l'étable.

Au moment où Dick traversait le champ de bruyère, Trécy qui le vit accourut vers lui.

— Elle est là, dit l'enfant frissonnante, en montrant la vieille tour dont la coupole dépassait les arbres du parc.

— Qui, elle?

— Miss Emmet, répondit l'enfant en san-

glotant, et sir William n'est pas avec elle...
Il m'avait pourtant promis de la protéger...
Elle avait, comme une criminelle, les mains
liées... Oh! oh! c'est Patrick, l'odieux Patrick,
qui l'a conduite à la tour... Sir Georges et
milord étaient présents... Oh! miss Jeanie,
chère miss...

— Tu es bien sûre que sir William n'y était
pas?

— Aussi sûre que je vous vois.

— Va demander à passer la nuit sous la
paillotte de la vieille Carlington, va, elle te
recevra de ma part.

— Ah! non, murmura l'enfant, je veux
vous suivre aux souterrains.

XXIII

En faisant hisser au-dessus de la futaie d'Herbury le phare mystérieux, Dick avait pris une responsabilité qu'excusaient ses bonnes intentions. L'égoïsme obligé du pauvre que Georgina ne cessait, dans ses longues jérémiades, de lui rappeler, le demi-savoir qui jette tant d'incertitude dans l'esprit, la crainte héréditaire n'avaient pas arrêté à sa source l'élan généreux qui soudain transformait le serf en homme ; et pour rester dans ces dispositions nouvelles, il s'était gardé de revoir sa femme, dont il redoutait l'influence sur son courage si peu armé. Sir William ne devait pas être le prisonnier du château, non il ne le devait pas.

Les paddys anxieux étaient partis pour les souterrains avant de prendre leur maigre repas du soir. Les femmes inquiètes avaient éteint la lumière des paillottes et se tenaient silencieuses sur le pas de la porte, prêtes à tout événement.

Des ombres silencieuses glissaient le long du montueux sentier et semaient de points noirs mouvants les rochers et les champs.

Un autre phare avait répondu à celui de Jeanet, phare qui ressemblait à une boule de feu, dont les rayons rougissaient le faîte du feuillage; la petite lampe qui jetait tant d'éclat ne durait qu'une heure; on avait pensé que ce laps de temps était suffisant pour donner l'alarme.

Dick songea que son entrée dans la salle

des conférences devait précéder celle de Jeanet, qui ne pouvait entendre sans y être préparé la sentence prononcée contre son père, accusé de crimes et de trahison.

Kilke était un fieffé coquin, mais Jeanet ressemblait à sa mère : il était doux, loyal et sûr comme un Irlandais qu'il était. Dick, en approchant des souterrains, dit qu'ils couraient tous un grand danger, car sir William n'avait pas donné d'ordre et il pouvait blâmer une pareille initiative.

— Dick, dit le jeune homme, le père nous a dit souvent que l'honneur de la vie était le mépris de la mort; il ne peut donc pas blâmer un acte courageux. Ne craignez rien, sir William vous approuvera et vous remerciera.

Dick regarda le fils du fermier. Comme il parlait bien! Est-ce qu'il savait, lui aussi, les odes d'Ossian?

Trécy écoutait, grave et recueillie. Comme

ils disaient de belles choses, ces paddys ! Mais combien sir William était grand !

Les paddys, au nombre d'une trentaine, étaient étagés sur les rochers. Katy, enveloppée de la cape irlandaise, était là, silencieuse, entourée des Dergh.

Sir William, très pâle, racontait à la grand'-mère l'enlèvement habile de sa petite-fille.

En voyant Dick escorté de Jeanet, le Molly-Maguire fronça les sourcils, mais il honora l'enfant d'un baiser et la remit à Katy, qui l'accueillit avec la même faveur.

Un sentiment terrible agitait sir William, qui murmurait : « Ceci est un rêve affreux, miss Emmet enlevée pendant ma courte absence !

— Je réponds de Jeanet comme de moi, dit le bon Dick à sir William ; il ignore tout, même la mort de son père, qui doit être arrivée ; il ne parlait plus il y a deux heures, mais il a parlé. Miss Emmet est dans la vieille tour, et c'est pour vous aider à la délivrer que nous sommes tous venus ici.

Le Molly-Maguire serra avec force la main de Dick.

— Merci, ami ; merci, frère.

— Père, dit Trécy, il faut brûler la tour et le château, et chasser de chez nous l'étranger.

L'Irlande parlait par la bouche naïve de cet enfant que l'enthousiasme reconnaissant égarait.

Beaucoup de paddys, doués de cette organisation fébrile, étaient capables d'une action glorieuse, mais ils étaient prêts aussi à toutes les cruautés. Chez les races primitives, il n'y a pas de milieu. L'enfant avait éveillé dans ces cœurs opprimés la haine sans pitié, sans merci, la seule haine qui ait une excuse : la haine patriotique.

Ils regardèrent avec ardeur le Molly-Maguire.

— La motion de Trécy, dit sir William, ne peut être adoptée; je ne veux pas, mes chers amis, que l'enlèvement de miss Emmet soit le signal de représailles terribles que le châtelain ne manquerait pas d'exercer contre vous. Soyons prudents et non téméraires. La témérité sert rarement le faible. Quand l'instant sera venu de nous montrer, vous me trouverez à votre tête, prêt à partager votre mort ou votre captivité. Non, il ne faut pas toucher au château d'Herbury; il ne faut pas brûler le nid du vautour. Il faut me laisser la tâche de délivrer miss Emmet, puisqu'une trahison habile, trompant ma vigilance, l'a livrée à notre ennemi.

Jeanet seul ne comprit pas l'allusion parce qu'il ignorait la conduite de son père.

— Vous ne vous exposerez pas, dit Jeanet, tous ici nous avons besoin de vos sages avis, de vos conseils; la ruine m'est familière : confiez-moi l'honneur de sauver miss Emmet.

— Ce jeune homme a raison, dit la vaillante Katy, la douleur ne doit pas obscurcir l'esprit. Restez ici, sir William, si Jeanet échoue dans sa tentative, je saurai parler au comte d'Herbury, mon enfant n'a pas conspiré contre la sûreté de l'Etat ; Sa Seigneurie doit ignorer des choses que je lui apprendrai.

— Je vous supplie tous de me laisser agir, n'insistez pas, ma résolution est inébranlable.

— Et, notre devoir est de veiller à votre sécurité, dirent plusieurs voix.

— Ces braves paddys ont raison, sir William, écoutez-les.

— Nous nous tiendrons silencieux dans le bois de sapins, hasarda Dick, vous pousserez le cri de ralliement, si vous avez besoin de nous. Ah! soyez tranquille, nous serons prudents.

— Je vous supplie, mistress Katy, d'aller attendre mon retour sous la paillotte des Dergh.

— Entendez-vous ces plaintes sur les rochers, dit Trécy, qui regardait curieusement par l'ouverture grillée? Allez vite à la ruine, sir William, l'esprit des paddys vous le commande, miss Jeanie doit être en danger.

— Comment! tu es superstitieuse, toi qui as l'intrépidité d'un bon petit soldat, dit le Molly-Maguire doucement.

— Ah! sir William, si je pouvais vous suivre là-bas.

— Chère enfant, tu vas accompagner mistress Katy chez les Dergh. Tu sais que l'obéissance est le premier devoir d'une enfant.

— Pas toujours, dit Trécy. Serez-vous longtemps à venir?

— Dans quelques heures, je serai à Clare.

Jeanet suivit sir William, et les paddys, pénétrés de la gravité du moment, prirent une autre direction pour se rendre au même endroit.

Le Molly-Maguire marchait, absorbé dans sa pensée. La scène du monde avait changé pour lui depuis que Jeanie l'occupait. La lutte devenait moins âpre, l'effluve d'un tendre amour réchauffait l'homme engourdi dans les glaces d'un austère devoir. Quel vertige il éprouvait mais quelle douceur dans l'ivresse ! Et cependant il était moins un homme qu'un apôtre. Mais Jeanie n'était-elle pas une exception ? N'avait-elle pas la poésie, le charme de toutes les vertus ? Cependant, il ne doutait pas de la réussite de son coup d'audace et ne se préoccupait pas du drame nocturne dont le dénouement se préparait au château.

Ils arrivèrent devant la ruine, sans avoir rencontré personne. Mais le châtelain, qui craignait l'attaque de ce côté, l'avait prévenue, en lâchant les digues : c'était sagement pensé.

Jeanet, stupide, se retourna vers sir William et lui dit avec désespoir :

— Ils ont mis entre nous et la tour le seul obstacle qui puisse résister à notre intrépidité.

— Eh bien ! ils se sont trompés ! répondit le Molly-Maguire, qui regardait la tour.

— Vous oubliez, sir William, que les hautes herbes gêneront vos efforts. La violence de l'eau qui s'engouffre dans l'ouverture où vous devez passer est telle que vous pouvez être entraîné dans le puits où elle se précipite.

— Ce danger n'est rien, dit le Molly Maguire.

— Permettez-moi, sir William, d'aller chercher mon père : il vous indiquera sûrement la marche de pierre qui fait face à ce trou.

— Non, Jeanet, dit le Molly-Maguire, les minutes sont comptées, nous n'avons pas un instant à perdre, agissons vite.

Une rumeur sourde, qui semblait sortir des profondeurs du sol et qu'il était facile de confondre avec le vent, avertit sir William que les paddys étaient là, prêts à secourir leur chef, s'il y avait lieu.

— Sir William, de grâce, laissez-moi tenter l'épreuve périlleuse.

— Non, Jeanet, dit le Molly-Maguire, qui se laissa glisser comme une anguille dans l'eau noirâtre.

Le brave garçon ne vit pas sans angoisse sir William franchir le fatal passage.

XXIV

Les policemen que Sa Seigneurie avait demandés à Ennis étaient arrivés, et milord, confiant dans ses prévisions, attendait le Molly-Maguire qui ne pouvait pas ne pas venir cette nuit même tenter l'essai de reprendre Jeanie que lui, milord, avait si prestement enlevée.

L'aristocratique personnage marchait à petits pas, d'un air satisfait, dans son magnifique salon, en songeant au retentissement qu'aurait sa prise si le succès lui était favorable.

La belle humeur de milord ne pouvait distraire milady de sir Georges qu'elle trouvait mélancolique; il semblait que le jeune homme regrettât sa prison tant il était changé. Peut-être ce séjour avait-il altéré sa santé? Elle ne cessait de questionner son fils qui subissait patiemment cette effusion maternelle.

Le cœur humain, même celui d'un jeune lord, est sujet à d'étranges retours. Milady ne pénétrait pas la cause de la tristesse de sir Georges, bien qu'elle se crût apte à lire dans l'âme de son fils.

Sir Georges avait devant les yeux le doux fantôme de Jeanie qui lui reprochait sa dureté. La passion palpitait dans ce cœur fortement impressionné, malgré les préjugés de naissance. C'est que la vérité comme l'innocence a un accent inimitable et les dernières paroles que Jeanie lui avait adressées avaient donné une émotion de pitié à sir Georges, sentiment neuf pour lui, mais dont la force courbait la puissance séculaire de l'orgueil.

Sa Seigneurie, pendant que milady ne pouvait se décider à détourner son attention de son fils, faisait l'historique de la maison de Rinthler. Il prit dans son portefeuille un portrait qui représentait sir William dans l'étrange costume de sa profession. Lady Alice, qui croyait cet homme vulgaire, regarda avec curiosité cette figure pleine de distinction et de noblesse : Rinthler ressemblait à l'archange Michel terrassant le démon. Comment un homme occupé toute sa vie à courir comme un brigand dans les rochers ; un nomade qui s'était toujours soustrait aux devoirs que la naissance impose, du moins comme lady Alice les comprenait, avait-il conservé tant de noblesse d'allure ?

Comment une pareille vie, une conduite aussi excentrique ne se traduisaient-elles pas, par un signe commun, sur cette belle physionomie et n'avaient-elles pas détruit l'harmonie de ce front puissant ? Lady Alice, malgré sa perspicacité d'esprit, ne put soulever le voile de ce mystère et en fut presque déconcertée. C'est que sir William avait au cœur un sentiment pur, le plus beau de tous les sentiments humains parce qu'il est désintéressé. Rinthler n'avait en vue que le bien de l'intérêt général et son « moi » disparaissait devant cette idée supérieure. Voilà pourquoi la vie et la conduite de cet homme vraiment grand échappaient au petit esprit de caste de l'orgueilleuse fille.

— Si le Molly-Maguire vient se prendre à l'hameçon que je lui ai tendu, vois-tu quelle curiosité il excitera dans notre clan ; il a tout à fait l'air d'un gentleman.

La bonhomie de milord impressionna lady Alice, qui posa le portrait que milord reprit.

—Je pense que vous avez suffisamment regardé l'ennemi le plus acharné de la noblesse ?

— Oui, milord, répondit lady Alice qui

rougit. J'espère, ajouta-t-elle, que vous ne soustrairez pas Jeanie au châtiment qu'elle mérite.

— Non, lady Alice, répondit milord avec un sourire énigmatique. C'est dommage, car elle est bien belle.

Et milord entra un peu brusquement dans son cabinet.

— Pourquoi, ma sœur, excitez-vous mylord contre Jeanie ? Elle est absolument innocente du crime dont on l'accuse, le rôle que vous prenez n'est pas le vôtre.

— Ai-je à tenir compte des ordres secs que vous me donnez, mon frère ? Je ne le crois pas.

Elle s'inclina et monta s'habiller.

Ce départ était vivement attendu de sir Georges qui se tourna gravement vers sa mère.

— Dites-moi, ma mère, si la naissance, la fortune, exigent que nous restions insensibles

à la pitié. Vous avez entendu lady Alice...
Jeanie est innocente ; la pauvre enfant ignorait son origine avant d'entrer à votre service.
Songez que je suis responsable de ce qui est
arrivé et de ce qui arrivera, car je suis le seul
coupable. Banissez cette fille et sa grand'mère
de notre comté, mais intercédez pour elle
auprès de milord, et obtenez, de grâce, sa
liberté.

Un rose vif nuança le teint délicat de
milady, qui prit dans les siennes les mains brûlantes de son fils.

— Je te comprends, et si tu n'étais ainsi
tu ne serais pas l'objet exclusif de mon amour
maternel. Hélas ! mon fils, je ne puis faire ce
que tu me demandes. Il y a des exemples devant lesquels nos cœurs doivent rester silencieux. Le vieil honneur anglais dont nous
sommes les gardiens nous interdit la pitié
pour ceux qui travaillent à le détruire. Les
vertus sociales blessent peut-être le sentiment

humain, mais leur pratique est rigoureuse-
ment indispensable. Vois-tu, le blason a ses
préjugés qu'il faut respecter, et cet égoïsme
qu'on nous reproche tant est notre force.
Sans lui, nous n'existerions pas. La loi héréditaire est dure, mon enfant bien-aimé, mais
la nécessité de la subir est impérieuse. Ces
démonstrations te font comprendre mon impuissance, et t'expliquent mon refus. Sa Sei-
gneurerie n'accordera jamais la grâce de
Jeanie, qui, à tort ou à raison, est mêlée
à la secte conspiratrice des Molly-Maguire.

Sir Georges, devant l'exposé des raisons
majeures que sa mère avait daigné lui faire,
n'osa insister, mais son désir de sauver Jeanie,
désir né de la pitié autant que de l'amour,
persista avec force. Miss Emmet possédait
trois choses, dont une seule suffit à une
femme : elle avait la pureté de la perle qui
gît au fond des mers, l'exaltation qui ranime
et la chaste volupté qui s'ignore. L'enivrement

n'était venu que par petites doses, mais enfin il était venu et cette puissance active de la jeunesse faisait litière des abstractions héréditaires qui avaient parlé si haut à son cœur dans sa prison des souterrains.

La devise de sa maison était : «sans pitié», mais lui sentait l'amour et la pitié, parce que la résistance opposée à ces deux sentiments avait excité le côté absolu de cette nature impétueuse. Jeanie ne serait plus garrottée comme une vile criminelle, et ce chef-d'œuvre vivant ne serait pas livré à l'infâme Patrick. Il se le promit, et il était de taille à tenir sa parole, car son courage allait jusqu'à la témérité.

Sa mère crut interpréter le silence de son fils selon le jugement favorable de la raison et ne se montra pas inquiète quand il la quitta.

Cependant sir Georges, au lieu de monter chez lui, traversa rapidement l'enfilade des pièces du premier étage alors désert, descendit l'élégant escalier de la jolie tourelle du sud, longea un couloir noir comme un four, prit un escalier de pierre qui conduisait aux souterrains et que seuls les châtelains connaissaient, et arriva sans encombre dans le petit réduit, dont les assises plongeaient dans l'eau profonde.

Sir Georges avait marché avec la vitesse inconsciente d'une machine. Mais arrivé là, il réfléchit à sa hardiesse, et se demanda si le résultat de sa tentative ne serait pas préjudiciable aux siens ? Il fléchit sous la responsabilité qu'il avait soudain prise, et l'ombre d'un remords passa sur son étrange ardeur. Cependant ce malaise moral se dissipa en songeant que Jeanie gémissait là ; son regard, moins obscurci par les préjugés, voyait un peu plus loin et plus haut.

Il prêta l'oreille et n'entendit que les pins qui mêlaient leur gémissement au bruit sourd

de l'eau, quand un cri étrange, bizarre, cri
qui ressemblait au coassement du crapaud,
arriva à son oreille et changea soudain sa
résolution. Il crut que c'était le signal de
l'attaque par le Molly - Maguire, dont il
n'ignorait plus l'adresse ni la force. Un flot de
sang chaud fit battre ses tempes, et il allait,
sans plus tarder, courir avertir mylord de ce
qui se passait, quand, au milieu du fossé
rempli d'eau, il vit émerger la tête, les bras,
le torse de son ravisseur. Une sueur froide fit
place à la chaleur intense qu'il venait d'é-
prouver, et, oubliant le danger, pour satisfaire sa haine, il attendit le nocturne visiteur
qui nageait vers lui.

XXV

Sir Georges, qui ne connaissait que l'issue secrète, ne pouvait supposer que Rinthler tentât le périlleux essai d'entrer dans la ruine par l'étroite ouverture où l'eau s'engouffrait avec violence. Il se trompait, sir William allait tenter ce téméraire essai.

Au moment, ou le jeune lord attendait bravement son ennemi, celui-ci s'éloigna de quelques mètres et disparut aux yeux de sir Georges.

Celui-ci, étonné de cette volte-face, à

laquelle il ne comprenait rien, entra dans la tour. La jalousie qu'il nourrissait contre cet homme se réveilla avec fureur, et il n'eut plus que la pensée de soustraire Jeanie à son pouvoir et de faire ainsi échec au courage du redoutable Molly-Maguire.

Le vent qui s'était levé avait chassé les nuages vers le nord, la lune se montrait brillante sur l'horizon, et quelques rayons filtrant à travers les meurtrières permirent à sir Georges de distinguer sur la dernière marche le Molly-Maguire, ruisselant comme un triton.

Il y eut entre ces deux hommes, encore une fois en présence, un de ces regards qui, dans le choc d'un double éclair, révèle l'étendue d'une haine passionnée que rien ne semble devoir concilier.

L'attitude de sir Georges exprimait claire-ment qu'il était disposé à profiter des avan-tages que le hasard des événements lui pro-curait. L'orgueil étouffé reparaissait ; la

vengeance apaisée se réveillait inassouvie.
Cet homme allait payer son audace ; cet
homme, qui travaillait à la destruction des
grands noms, s'était pris au piège comme un
vulgaire paddy, et sir Georges toisait super-
bement Rinthler qui prenait en pitié les
grands air du futur comte d'Herbury.

Sir William, l'apôtre inspiré, le protecteur
du faible, possédait l'héroïsme secret néces-
saire à la situation.

— Au moins, dit tranquillement sir
William, il ne vous est plus possible de vous
dérober derrière un Kilke ou une Nora... Ah !
la loyauté des grands seigneurs n'est qu'un
vain mot? Si le cœur du peuple manquait de
fierté, où en serions-nous ?

Cette apostrophe fit sourire sir Georges.

— Ah ! j'ai le loisir de vous écouter... mais
dans un instant.

Et il voulut s'en aller.

— Vous ne passerez pas, sir Georges.

— Vous oubliez l'endroit où nous sommes.

— J'y pense si bien que, demain, à l'aube, Herbury n'existera plus, si vous vous obstinez à entraver mes desseins. Vous avez lâchement laissé conduire ici une innocente que je suis venu chercher.

— Jeanie ne vous suivra pas, je suis le maître ici.

— Sir Georges, vous me connaissez, je suis homme à tenir mes promesses, écoutez-moi donc avec toute la gravité que comporte la situation. Avez-vous entendu le cri du signal ?

— Je l'ai entendu.

— Il va se reproduire dans un instant, et si je ne réponds à cet appel pressant, c'en est fait d'Herbury.

— Brigand ! s'écria sir Georges hors de lui, bandit qui ne sèmes sous tes pas que la ruine et le meurtre.

— Ce ne sont que des mots cela, et vous intervertissez les rôles ; l'Irlande abattue est

sous vos pieds, qui l'écrasent sans pitié ;
vous vous repaissez de sa chair, vous vivez de
l'engrais de ses os... Oubliez-vous que, dans
cette situation étrange, elle a le droit de con-
tester ses maîtres et de faire échec à ses terribles créanciers ? Qui a résolu les émigrations
en masse ? Qui a séparé les enfants de leur
mère ? Vous, toujours vous ! Eh bien ! quand
les petits pénétrent en nombre dans l'aire de
ces ennemis naturels,, ils ne font pas de
quartier : œil pour œil, dent pour dent, telle
est la devise dont vous nous avez appris la
pratique. Oui, sans pitié comme sans faiblesse,
nous leur faisons subir la peine du talion.
Vous imaginez-vous que notre cerveau reste
inactif parce que vous lui interdisez de penser ?
Défaites-vous de cette erreur : nous briserons,
n'en doutez pas, par la patience de nos efforts
continus, le joug qui nous blesse, dussions-
nous y laisser notre vie. Rappelez-vous le cri
héroïque de la femme Murrer dans la salle

électorale : « Souviens-toi de ton âme, Murrer,
et de la liberté ! »

Voilà un langage incompréhensible pour
vous. On vous a appris qu'il y avait deux
espèces d'hommes : l'une dépendante et
l'autre qui ne l'est pas. L'une qui doit
donner son travail, le fruit de ses sueurs à
l'autre. Est-ce que le Dieu de votre Bible a
établi le code de cette iniquité que vous pra-
tiquez avec une audace qui n'a d'égale que
votre inconscience ? Où avez-vous pris ces
droits que les lois morales repoussent ? Dans
votre profond égoïsme.

Sir Georges saisit sir William qui maîtrisa
son agresseur et qui l'étendit à ses pieds
comme une poupée mécanique.

Mais un pas rapide se fit entendre et lady
Alice tenant une lanterne sourde, se montra.
Son œil bleu toisa le Molly-Maguire.

— Vous vous repentirez de votre audace,
dit-elle froidement à sir William.

Sans prononcer un mot, Rinthler poussa le frère et la sœur vers une porte vermoulue qu'il enfonça d'un coup d'épaule et les obligea ainsi à entrer dans la prison de Jeanie.

A cette brusque invasion, à l'aspect de ces trois personnes, Jeanie poussa un cri et tomba, épuisée de fatigue et d'émotion, sur un tas immonde de choses sans nom que le temps, aidé de l'incurie, avait amoncelées dans un coin de cette prison. C'étaient de vieilles tapisseries que les mites avaient filigranées, des châssis intérieurs poussés par le vent, des fientes d'oiseaux qui avaient adopté cet asile de nuit, des toiles d'araignées volumineuses, enfin le désordre d'une ruine abandonnée et maudite.

Le Molly Maguire promena le rayon lumineux de la lanterne qu'il avait prise à lady Alice autour de cette chambre de forme octogonale et obligea les nobles visiteurs à en admirer la saleté, à en respirer l'air nau-

séabond. Sir William s'arrêta devant Jeanie,
et, de sa voix profonde, mélancolique, il lui
dit :

— Chère miss Emmet !

Le beau visage de Jeanie se colora faiblement et ses yeux s'ouvrirent ; elle reprenait
connaissance.

— Oh ! c'est vous, sir William.

Elle se précipita dans les bras du Molly-
Maguire et fondit en larmes.

Puis, honteuse de sa faiblesse, elle s'essuya
les yeux et se tint debout, la tête penchée.

Sir Georges sentit les aiguillons de la jalousie s'enfoncer dans son cœur. Il était venu
là, poussé par un instinct plus fort que sa volonté. Est-ce que cette fille qui aimait le
Molly-Maguire l'avait ensorcelé ? Lady Alice
avait les yeux chargés de reproches, mais elle
se tenait droite, fière et brave aux côtés de
son frère. Sa haine, à elle aussi, avait mal di-
rigé ses pas ; elle était punie de son espion-

nage, car elle avait espionné sir Georges, dont elle avait pénétré |les desseins, et elle était résolue d'empêcher de sauver cette fille, cause de tous leurs maux. Bien mal lui en avait pris. Elle ne pouvait bouger sans qu'elle sentît peser sur elle le regard du Molly-Maguire; regard dont la puissance la mettait mal à |l'aise et paralysait sa volonté. On eût dit qu'il la fascinait.

— Que feriez-vous à celui qui eût conduit ici votre sœur ou votre fiancée ?

— Jeanie n'est ni votre sœur ni votre fiancée.

— Ce n'est pas répondre.

— Assez! dit sir Georges. Il faut que l'un de nous reste ici ; je vous propose un combat corps à corps, sans pitié ni merci.

— Sans pitié, sans merci, répondit sir William. Tenez, voilà un poignard.

— Vous vous commettrez avec un pareil homme, sir Georges ? Pousserez-vous jusque-là l'oubli de votre dignité pour l'amour de cette fille?

— Je n'ai pas de compte à vous rendre.

Blessée, elle fit un pas vers la porte.

— Je vous prie de ne pas sortir, madame, dit Rinthler.

— Des ordres à moi, dit lady Alice hors d'elle, tenez, ajouta-t-elle, avec dédain, voilà le cas que j'en fais.

Et elle voulut sortir.

— Lady Alice, prenez ma vie, mais sauvez celle de sir William.

Un petit rire railleur accueillit cette prière.

— Jeanie, les petites âmes méconnaissent les élans des grandes, vous êtes suffisamment édifiée, n'entravez plus ma volonté, laissez-moi agir. — Vous y êtes? dit-il à sir Georges.

Lady Alice, intrépide, vint se placer entre les deux hommes.

Le Molly-Maguire saisit de sa main de fer celle de la jeune lady et la conduisit malgré sa résistance vers une porte pratiquée dans le mur, qu'il ouvrit en pesant sur un bouton de fer.

Ce mouvement avait été si rapide que sir Georges n'eut pas le temps d'intervenir; sir William, malgré sa force et son adresse fut entraîné par lady Alice qui, en se débattant, s'accrocha à la porte qui se referma.

— Vous n'espérez pas me retenir ici?

— Je vous y laisserai le temps que vous mettrez à vous calmer.

— Je n'oublierai pas votre impertinence pas plus que votre audace.

Quand sir William revint dans la chambre, Jeanie n'y était plus.

— Le misérable !

Il retourna vers lady Alice.

— Votre frère a enlevé Jeanie, je vous garde.

— Ne m'approchez pas, s'écria lady Alice avec terreur.

— Je vous approcherai avec tous les égards dus à votre sexe.

Il prit lady Alice dans ses bras et s'élança avec son fardeau par une issue dangereuse que lui seul connaissait.

Sir Georges avait entraîné Jeanie et l'avait conduite dans le souterrain, puis il était remonté dans la tour où il n'y avait personne.

XXVI

Un temps précieux s'était écoulé; l'heure de la catastrophe allait sonner; les paddys, inquiets du silence de leur chef, commençaient à s'agiter et tournaient vers le château d'Herbury leurs regards menaçants. Il était dit que tous les malheurs viendraient de ce château. C'était assez! la longue liste des proscrits, le nombre des paillottes brûlées par ordre d'en haut, les familles errantes sans pain, sans abri; ces images, sortes de visions vengeresses, vinrent frapper l'imagination des paddys pour aider à la préparation du crime qu'ils méditaient.

Sir Rinthler mort, que deviendrait l'Irlande? Cet homme extraordinaire, cet homme qui avait consacré sa vie à leur défense, cet homme qui avait partagé leur misère, leur souffrance, irait à la mort, aux applaudissements unanimes des Anglais! Jamais! jamais!

Un cri d'alarme s'éleva du sein des paddys, cri qui resta encore sans réponse.

Trécy, qui s'était échappée de la paillotte des Dergh, arrivait essoufflée au bois de pins. Elle ne craignait plus la ruine maintenant ; elle la haïssait et la regardait comme une chose humaine, malfaisante, redoutable. Cette masse noire qui gardait les empreintes de la force autoritaire contre laquelle tous luttaient, retenait Jeanie, et son aspect malveillant semblait jeter à tous les amis de l'infortunée un sanglant défi. Oui, elle était là, derrière ce manteau épais de pierre, sans que Trécy pût la secourir. Les yeux de l'enfant, animés d'une sombre ardeur, scrutaient ce vieux granit qu'elle eût voulu voir englouti dans les entrailles du sol.

Elle éprouvait une véritable tempête d'angoisses, car elle se sentait à la fois intrépide et impuissante. Douloureuse situation ! déchirant contraste ! Eh quoi ! elle ne verrait plus cette fleur de beauté et de bonté qui lui avait tendu à elle, la petite voleuse, la petite dégradée, une main secourable ? Elle ne recevrait plus la lumière de ces yeux aussi purs que l'eau limpide des lacs qui réfléchissent l'azur des cieux.

Elle se mit à pleurer.

— Dick, dit-elle, cette tour est muette, et sir William ne revient pas ; nous ne pouvons attendre ici le lever du soleil... Je ne crains pas grand'chose, moi ; ne puis-je, en suivant le pied du rempart, aller jusqu'au château neuf ?

— Les fossés sont pleins d'eau ; tu risques de te noyer, malgré ton adresse et ta légèreté.

Elle secoua la tête.

— L'esprit domine ton corps, dit le paddy, fais ce qu'il te conseille.

Elle jeta un dernier regard à la tour et tressaillit.

Trécy avait une vue perçante et pouvait saisir à des distances énormes avec une admirable facilité, sans fatigue, les nuances les plus fugitives de la lumière comme les tremblements les plus éphémères de l'ombre. Or, elle aperçut, à travers une meurtrière, un rayon lumineux.

— Les gens du château sont dans la tour, dit-elle à Dick.

Avertie par un instinct qui ne trompe jamais, elle jugea miss Emmet et sir William perdus.

— Vous ne voulez donc pas les sauver, dit-elle aux paddys?

— Au prix de tout notre sang !

— Marchez donc, et sus au château, dit la petite révoltée. Il n'y a que ce moyen d'entrer là, ajouta-t-elle en étendant la main.

— La petite fée a raison, dit Jeanet, brûlons la tour.

— Ce n'est pas assez, brûlons tout, s'écrièrent vingt voix.

A peine cette parole était-elle tombée qu'une dizaine de paddys se mirent à ramasser de l'herbe sèche, des débris de bruyère, des branches de sapin avec une folie d'activité inconcevable, et portèrent le tout à plat ventre au pied du mur de refend dont les crevasses furent agrandies par des pieux, et par lesquelles l'on jeta des bouts de résines enflammées.

Derrière ce mur se trouvaient les fourrages et le bois de chauffage. Ces dépendances, assez éloignées du château neuf, se reliaient à l'habitation seigneuriale par une tour.

Le sentiment de la liberté, qui anime les prisonniers et leur inspire des miracles d'audace, peut seul se comparer au sentiment sauvage qui guidait la violence des paddys.

Le silence était absolu, et l'ombre qui les enveloppait protégeait leur infernale vengeance. Milord, qui croyait que l'inondation des fossés rendait la tour imprenable, s'était dispensé d'y établir un poste de surveillance. Il ignorait, on le voit, que l'impossible est inconnu au désespoir.

XXVII

Jeanie tenait sa tête dans ses mains et semblait avoir perdu ses forces et sa présence d'esprit sous la poignante étreinte de la douleur. Sir William était tombé au pouvoir de son ennemi, il était perdu... Perdu ! ce mot était devant ses yeux, écrit en lettres de feu, et elle était la cause de ce malheur que l'Irlande lui reprocherait.

— Ah ! il y a des instants terribles dans la vie, murmura la pauvre enfant, qui pensait à l'entêtement généreux qu'elle avait mis à sauver la tête de Kilke, entêtement qui perdait sir William.

— Vous souffrez, Jeanie, dit sir Georges qui se montra soudain devant elle.

La fausse coloration due à la douleur s'effaça soudain, elle pâlit.

— Oh! oui, je souffre, dit-elle, car je suis une parricide.

En voyant sir Georges qui souriait, elle ajouta :

— Pour vous qui vivez au sein de la civilisation, ce mot manque de justesse, mais pour moi qui suis une demi-sauvage, l'expression est juste...

— Voilà au moins une déclaration imprudente, dit sir Georges, obligé de relever la hardiesse de sa prisonnière, est-ce que vous croyez en cet homme dont la doctrine est aussi intolérante qu'absurde?

— Je crois en sir William, répondit Jeanie avec feu, sa voix est celle du juste qui s'élève contre l'iniquité ; il a l'esprit qui s'allie à la grandeur morale, perfection qui gêne et dépayse ses ennemis.

— L'appel séditieux qu'il adresse aux paddys est sans doute une perfection à ajouter à tant d'autres!

— C'est son arrêt de mort que vous prononcez, murmura Jeanie avec abattement, mais si vous le frappez, songez que vous allez contre le but que vous visez : Libre et vivant, il est impuissant ; mort, son sang féconde sa doctrine, qui triomphera un jour.

— Je ne vous savais pas obsédée de si graves pensées, dit sir Georges d'un air sombre ; vous n'éprouvez pas la moindre crainte, en me révélant l'étendue du mal qui ronge ce pays?

— De la crainte ? répondit Jeanie étonnée, je ne connais pas ce sentiment ; mon cœur n'est point lâche et je regarde la mort en face.

— Je ne veux pas que tu meures, dit sir Georges en prenant la main froide de l'adorable fille. Je jure ici de te conduire à l'autel si tu veux abjurer ton hérésie humanitaire, ajouta-t-il avec passion; c'est un beau rôle à prendre pour toi, si tu le veux, et c'est à genoux que je te l'offre. On m'a noirci à tes yeux, je ne suis pas un monstre d'égoïsme, d'indifférence, tu seras mon Égérie; moi, je serai ta raison; à nous deux, nous ferons de grandes choses, car tu as mis dans mon cœur, la tendresse et la pitié. Oui, ce cœur dont les battements soulèvent en ce moment ma poitrine, est à toi.

— Accorderez-vous la vie à sir William? dit Jeanie avec émotion.

— Est-ce que vous aimeriez cet homme?

— C'est un aveu que vous me demandez, et, non une réponse que vous me donnez.

Et elle ajouta avec tristesse :

— La clémence est le plus beau des sentiments, sir Georges.

— Il est inutile d'insister, dit-il durement,
vous ne verrez plus cet homme, dussé-je vous
forcer à me haïr.

Le généreux mouvement qui l'avait rapproché de Jeanie sembla s'éteindre.

— Eh bien ! ajouta-t-il, puisque vous per-
sistez dans votre égarement, je vais vous conduire au comte d'Herbury.

— Je suis en votre pouvoir, faites ce
qu'il vous plaira, répondit Jeanie avec courage.

Il la regarda : la rage et l'orgueil se parta-
geaient son cœur.

— Ainsi vous me repoussez ?

— Ne parlons plus de cela, sir Georges, je
vous en prie.

— Jeanie, ne me bravez pas.

— Je n'ai pas d'orgueil, moi, sir Georges.

— Venez.

— Je vous suis.

Mais, il l'enlaça avec ardeur.

— Je t'aime, ma Jeanie... pourquoi me fais-tu souffrir !... ne détruis pas mes illusions de félicité, je t'en conjure; à toi ma fortune, à toi les mille jouissances qu'elle procure et toutes les joies du monde.

— Je ne veux rien de tout cela, dit-elle héroïquement et en se dégageant de l'étreinte; le mirage de pareils rêves n'a jamais troublé mon sommeil; je préfère à ces séductions mondaines la douce figure des paddys heureux auxquels leur âpre destinée interdit les joies concédées à leur maître.

— Sauvage nature, dit sir Georges hors de lui, meurs donc...

Soudain un bruit de pas se fit entendre. Une grande clarté se refléta sur l'eau des fossés; la tour brûlait.

Sir Georges, épouvanté, poussa Jeanie dans un angle obscur, et courut vers le châteauneuf chercher des secours. La pauvre Jeanie était arrivée à la limite des émotions humaines ; la lutte qu'elle avait soutenue depuis plusieurs heures avait excité au plus haut point sa sensibilité nerveuse, elle était épuisée et elle s'assit par terre, avec la joie de se reposer et de dormir. Il lui semblait voir venir vers elle son oncle qui lui montrait de loin une sorte d'estrade de forme bizarre, surmontée de hautes colonnes noires ; la foule entourait cette étrange plate-forme.

La chute d'un corps tout près de l'endroit où elle se trouvait la tira de son engourdissement somnambulique, elle se leva et reconnut sir William.

— Cher William, s'écria Jeanie, vous êtes blessé.

— Par une balle, dit le Molly-Maguire, qui fit effort pour se lever.

Jeanie fondit en larmes.

— Ne pleurez pas, Jeanie, ma bien-aimée; la sottise et la méchanceté des hommes ne peuvent s'exercer contre vous.

— J'ai... des vertiges... et, je n'y vois plus, dit-elle, je ne puis éviter la mort, je la sens venir.

Le Molly-Maguire baisa la jeune fille au front. Une larme voila ce regard fier et brillant. En cet instant suprême, cet apôtre de l'Irlande regrettait-il les pures jouissances de l'amour entrevu et associait-il à cette douleur dernière les rochers familiers, les lacs paisibles, la pauvre végétation et les chères paillottes. Par un dernier effort, il se souleva et tendit ses bras à Jeanie, mais l'héroïque enfant ne bougea pas, cette dernière émotion l'avait tuée.

— Ah! murmura sir William... elle... ne sera... qu'à moi...

La tour est détruite : Trécy, que Jeanet a

épousée, habite le Nouveau Monde depuis que Katy repose à côté des siens. Sir Georges, aujourd'hui comte d'Herbury, n'habite plus ce château ; il en a fait construire un autre auprès de l'estuaire du fleuve... L'Irlande gémit toujours sous le poids de ses malheurs.

FIN

ÉMILE COLIN — IMPRIMERIE DE LAGNY

www.ingramcontent.com/pod-product-compliance
Ingram Content Group UK Ltd.
Pitfield, Milton Keynes, MK11 3LW, UK
UKHW022330090726
13658UKWH00001B/183